学びと成長の講話シリーズ▶第5巻

溝上慎一 Shinichi Mizokami

Active Learning

幸福と訳すな！ウェルビーイング論

自身のライフ構築を目指して

東信堂

はじめに

『幸福と訳すな！ウェルビーイング論』とやや過激な書名とした。本書が発する最大のメッセージである。ウェルビーイングには「幸福」という意味もあるが、ここから入ってこの概念を理解してはいけない、というのが筆者の考えである。その理由を知りたい読者は、本書を読み進めてほしい。

次に、「幸福」でないなら何なのだということである。筆者は、「自身のライフの構築」だ、と回答する。ウェルビーイングはどのように扱っても、どのように発展させても、人びとの「自身のライフの構築」を本質的に問題にする概念である。このことを、この概念を扱うすべての論者の視座の中核に置いておかなければならない。筆者はそのように考えている。本書の副題に置いている理由である。

本書は、前著『インサイドアウト思考―創造的思考から個性的な学習・ライフの構築へ』[1]の続編として論じるものである。本書との繋がりについて簡単に説明しておく。

日本でいえば明治以降の時代、進められた社会の近代化の特徴の一つは個人化(individualization)[2]

にあった。共同体や家族といった前近代社会を構成していた中間集団が解体あるいは相対化され、人びとは伝統や慣習の束縛から解放され自由や独立を獲得するようになった。しかし、その代わりに今度は自らの自己定義(self-definition)を行わなければならなくなった。エリクソンのアイデンティティ形成(identity formation)[3]は、この自己定義を青年期発達の課題として提起したものとしてよく知られる。

個人化が進むにつれて、始めは職業や居住地、徐々に結婚や家族なども併せて、様々なライフイベントをどのようなものにしていくかを考えることが人びとの人生課題となっていく。それを「キャリア形成」「キャリア発達」と呼んだのはスーパー[4]であった。一九八〇年頃のことである。スーパーのキャリア観は今日の学校教育におけるキャリア教育として引き継がれており、将来どのような職業に就くのか(ワークキャリア)、どのように生きていくのか(生き方：ライフキャリア)といったスローガンで政府の施策ともなっている[5]。

近年では、グラットンら[6]によって人生一〇〇年時代の長寿社会がやってきていると説かれる。これまでのライフステージにあった教育・仕事・引退モデルが崩壊し、ライフがマルチステージ化していく。そのマルチステージのライフの一つ一つをどのようなものとし、全体を構成し、各ステージをどのように移行していくかは個々人によって多様となる。多様なライフとは個性化するライフのことであり、すなわち「個性的なライフ」のことである。こうして前著の副題に繋がる。

個性的なライフは、グローバル化、政治的・経済的なネオリベラリズムが進む中でさらに加速する。生まれによる社会的格差の是正、ジェンダー、障害者、マイノリティなどの差別撤廃が制度的に進んでいること、個人の権利が徹底的に保障されるようになったことなどを受けて、ライフを構築する上で個人の自己選択が、良くも悪くも強制的に[7]確立されてきている。今日の働き方改革やワーク・ライフ・バランス、コロナ渦の中で進んだテレワークも、この流れで理解していいものである。これだけ個人の価値観や権利が認められ、自己選択できるようになった現代社会において、もはや先行世代や地域・社会から「こう生きるべし」といったライフコースが強要されることはなくなっている。仮にあったとしても、それは社会的なものというよりは、個人的な関係の中で身近な人の価値観を受けたものにすぎない。それを受け入れるかどうかも個人の自己選択に委ねられている。今や、「こう生きるべし」といったライフコースは、与えてほしくても与えてはくれないのが現代社会なのである。

　ウェルビーイングは、自身のライフをどのように構築するか、それが自身にとって満足いくものであるか、それによって自分は幸せだと感じられるかを評価することを問題とする概念である。**第3章**で詳しく論じるように、ウェルビーイング論では多くの場合、「もはや物質的・経済的豊かさによって幸せを感じる時代ではなく」と前置きしてその概念の必要性が論じられる。多くの人びとにとって、物質的・経済的な充足がある程度実現されている現代において、そして個人化が徹底的に進み、自身のライフの構築が誰にとっても求められる現代において、その構築、その善し悪しを判断するのに必要な概念こそがウェルビーイングなのである。

それにしても、ウェルビーイング論は大流行しており、手当たり次第に「ウェルビーイング」と言っておけばいいといった風潮さえ感じられる。もはやウェルビーイングとは何なのかがさっぱりわからなくなっているといっても過言ではない状況である。「幸福」と訳されることが多いが、それでいいなら well-being ではなくて happiness でいいではないか、という反論に答える必要がある[8]。それが学術的な議論というものである。また、ウェルビーイングを「幸福」としてのみ置いてしまうと、幸福は主観的に測定されるべきか、客観的に測定されるべきかという議論にもなってしまう。筆者は、ウェルビーイングを個々人が自身のライフを構築するというテーマのもと概念化しており、その意味において、ウェルビーイングは基本的に個人が主観的に捉えられるべきものである。どのように論を発展させても、「主観的に良しと評価する自身のライフを過ごしている状態である」と定義される見方（**第1章1**）が、常にウェルビーイング論の基本的視座であると考えている。

そうはいっても、形式的にいえば、ウェルビーイングの定義や論じ方は論者の数だけあるともいえる。本書のような論じ方をする時には、常にこのことを踏まえておかねばならない。最後は、読者に筆者の論をどのように捉えるかを委ねればいいのであって、学術的な議論とはそういうものである。それでいいはずである。とはいえ、心のどこかでは、本音として、やはりウェルビーイング論の本質は「自身のライフの構築」にあると思ってやまないことも述べておく。本書の刊行後、この考えがひっくり返されることもあっていい。それはそれで勉強になって嬉しいことである。

このようなことを前提としながらも、本書は筆者の立場を他のウェルビーイング論との関係において相対化して詳述する。個性的なライフ構築論に関心がない読者でも、本書の中で様々なウェルビーイング論がどのように位置づけられ、整理されるのかを見ることは、ウェルビーイング論の理解を深めるのに助けになると思う。読者の関心に応じて自由に読んでいただければ幸いである。

以下、本書の各章の紹介をしておく。

第1章では、本書の論の基礎的土台として、筆者のウェルビーイングの定義とそのポイント、多元的階層モデルにおける、とくに①個別的水準から抽象的・一般的水準、②個人的・社会的ライフへの評価を節に分けて説明した。また、ウェルビーイングという用語や概念がいつ頃から使用され始めたか、アリストテレスを始めとする古代ギリシャの思想史的関係を、①時間幅（快楽から人生の満足まで）、②活動を基礎とすること、③徳に代わる社会的側面、の三つの観点から論じた。

第2章では、今日のウェルビーイング論の大きな特徴となる主観的アプローチについて論じた。今日のウェルビーイング論は、第三者的に良きライフの姿が論じられるものではなく、どこまでいっても、個人が自身のライフを主観的に構築することに焦点化する論である。ただし、ウェルビーイング論は個別的水準における自身にとって重要な次元の活動を評価するものであるから、個別的水準と一般的水準のそれぞれのライフを往還する水準移動について理論的に説明し、さらには小田急電鉄主宰ＩＦＬＡＴｓの倉吉市での事業を実践的な事例として紹介した。最後に、ＯＥＣＤウェルビーイング論の最大の特徴となる、地域や社会、地球規模での課題へのコミットメントなどの社会的ライフへの評価が、古代ギリシャ以来の思想史的な幸福・エウダイモニア論に通じる、しかしそれとは異なる現代的視点を提供するものと論じた。

第３章では、ウェルビーイング論の前史について論じた。ＯＥＣＤがウェルビーイング論の前文脈とする、「物質的・経済的な指標で必ずしも人びとのより良いライフを説明できなくなってきた、それを乗り越えたい」は、実は多くの論者が一九五〇～六〇年代に説いたことである。本章では、一般によく知られるマズローの欲求階層・自己実現論と、フロムの「持つ様式（to have / having）」から「ある様式（to be / being）」への存在様式の転換の論を紹介して、彼らが物質的・経済的豊かさの後に人びとの自己実現について論じたことを述べた。そして、そのような自己実現論が、例えばウォーターマンのような学者が現代的に引き取り、今日のウェルビーイング論へと発展させたことを論じた。最後に、ウェルビーイングに向けた本質的作業は自己形成であり、また日本で一九七〇年代にブームとなった生きがい論は、日本版のウェルビーイングの前史であったことも補足した。

第4章では、倉吉市の地方創生に関わる小田急電鉄主宰ＩＦＬＡＴｓの事業を紹介し、とくに**第1章**、**第2章**で述べてきたウェルビーイング論の扱い方の実践事例とした。

倉吉市のプロジェクトの基本的考え方は、地域に関わる一人ひとりが地域の担い手、すなわち「人財」であり、それを基盤に地方創生を進めていこうというものである。実のなる木で喩えれば、豊かな「実」（経済やコミュニティの活性化、人口増加などの地方創生）には良い「根」（人財）が必要である。良い根をしっかり育て幹を太くして、そうして豊かな実が育ち収穫することができる。

ウェルビーイング実態調査の結果によれば、倉吉市民の多くは充実したウェルビーイングをもちながらも、そのウェルビーイングの内容は、どちらかといえば、自己や家族の次元についてのものが多く、必ずしも地域やコミュニティに関わるものではなかった。このような倉吉市民の実態を踏まえて、ＩＦＬＡＴｓではiVision Sessionと呼ばれる、三日間の滞在型セッション二回を含む、三ヶ月間の人材育成研修を行った。自身の一般的ウェルビーイングからそれと関連する重要な次元の個別的ウェルビーイングについて深く、徹底的に考え、そこに倉吉市の地域・コミュニティへの関わりを乗せていった。参加者のアンケート調査の量的・質的結果からは、このようなウェルビーイングの観点から行った人材育成支援が、まさに倉吉市の人財を基盤とした地方創生戦略にもぴったり合致していたものと示唆される。

第5章では、ウェルビーイングの危うい捉え方として、大きく二点を論じた。一つは、まるで「ウェルビーイングの高い従業員が有能である」かのような専門家、企業コンサルタントらの主張に注意することである。ウェルビーイングが高いというだけで、人はある特定次元における有能さを示すわけではない。ウェルビーイングの高さが有能感を説明したり育てたりする因果的な考えについては慎重であらねばならない。同様のことは、一九八〇年代末にアメリカ・カリフォルニア州で実施された自尊感情プロジェクトが失敗に終わったことからもいえる。活動レヴェルで根拠のない、ただ自尊感情が高いだけの人は、社会にとって有害であることも多い。人を見下したり、自身の優越感を維持するために他人を批判したり傷つけたりすることが珍しくないのである。本章の最後には、それでも組織や社会にとって人びとのウェルビーイングを追求することには、社会的有益さがあることを論じた。最近政府から出された「次期教育振興基本計画」についても同様の観点からコメントを行った。

注

1 溝上慎一（2023）. インサイドアウト思考―創造的思考から個性的な学習・ライフの構築へ― 東信堂
2 Ibid., p.122 を参照
3 Erikson (1950, 1959) を参照。Erikson, E. H. (1950). *Childhood and society*. New York: W. W. Norton., Erikson, E. H. (1959). *Identity and the life cycle*. New York: W. W. Norton.

4 Super, D.E. (1980). A life-span, life-space approach to career development. *Journal of Vocational Behavior, 16*, 282-298.

5 川﨑(2005)、吉田(2005)を参照。川﨑友嗣(2005).変わる私立大学・「就職支援」から「キャリア形成支援」へ　ＩＤＥ(現代の高等教育), *467*, 45-49、吉田辰雄(2005).キャリア教育論—進路指導からキャリア教育へ—　文憲堂

6 グラットン, L.・スコット, A.(著) 池村千秋(訳)(2016). LIFE SHIFT(ライフシフト)—100年時代の人生戦略—　東洋経済新報社

7 片桐雅隆(2017).不安定な自己の社会学—個人化のゆくえ—　ミネルヴァ書房

8 ＯＥＣＤ(2013)では、「ウェルビーイングは幸福(happiness)以上のものである」(pp.28-29)と述べられている。ＯＥＣＤ(2013). *OECD Guidelines on measuring subjective well-being*. Paris : OECD Publishing. https://doi.org/10.1787/9789264191655-en(二〇二三年一一月一二日アクセス)

目次／幸福と訳すな！ウェルビーイング論――自身のライフ構築を目指して（学びと成長の講話シリーズ5）

はじめに ………… i

第1章　ウェルビーイングとは ………… 3
1．ウェルビーイングの定義と多元的階層モデル ………… 3
2．ウェルビーイング論を見るポイントは定義と構成概念である ………… 11
3．個人的・社会的に評価されるライフ ………… 14
4．ウェルビーイングはいつから ………… 17
5．幸福・エウダイモニアの思想史的概念との関連 ………… 22
6．まとめ ………… 35

第2章　ウェルビーイングへの主観的アプローチ……43
1．主観的アプローチを強調するこれまでの理由……44
2．ウェルビーイングは一般的ウェルビーイングを起点として終点とする論である……48
3．ＩＦＬＡＴｓのウェルビーイングデータから……52
4．理論的説明……63
——一般的自己と個別的自己との関連性を実証的に検討する自己研究を援用して
5．主観的な社会的ウェルビーイングという考え方……69
——ＯＥＣＤラーニング・コンパス二〇三〇プロジェクトを踏まえて
6．まとめ……73

第3章　ウェルビーイング論の歴史的・社会的背景……81
——物質的・経済的な充足の先にあるものは？
1．ＯＥＣＤウェルビーイング施策が起案された背景……81
2．マズローの欲求階層論——Ｄ認識とＢ認識……83
3．ウェルビーイング論の前史を説明するフロムのbeing論……90

4. 物質的・経済的な充足の先にあるものという視座 …… 95
5. ウェルビーイングに向けた本質的な作業は自己形成である …… 98
6. 実は生きがい論はウェルビーイング論日本版の前史であった …… 100
7. まとめ …… 105

第4章 鳥取県倉吉市のウェルビーイングを視座とする地方創生 …… 111
——小田急電鉄主宰IFLATsの事業
1. 「人財」育成を基盤とする地方創生ビジョン …… 111
2. ウェルビーイング実態調査 …… 115
3. iVision Session …… 125
4. まとめと今後の課題 …… 132

第5章 ウェルビーイングの危うい捉え方 …… 137
1. ウェルビーイングが高い従業員は有能か? …… 137

2. 自尊感情プロジェクトの過ちを繰り返すな――自尊感情神話 140
3. それでも社会や組織がウェルビーイングを目指すということ 144
4. ウェルビーイングを謳う「次期教育振興基本計画」 147
5. まとめ 150

あとがき 155
事項索引 164
人名索引 166

学びと成長の講話シリーズ5

幸福と訳すな！ウェルビーイング論――自身のライフ構築を目指して

第1章　ウェルビーイングとは

1．ウェルビーイングの定義と多元的階層モデル

本書では「ウェルビーイング（well-being）」を次のように定義する。

ウェルビーイングとは、主観的に良しと評価する自身のライフを過ごしている状態である

簡単に補足的な説明を五点行い、本書で用いるウェルビーイング概念のイントロダクションとする。

第一に、「ライフ」についてである。ライフ（life）には、大きく「生活」と「人生」の意味がある。前者の生活は、時間幅が短い、日々の生活としての life を指し、後者の人生は、時間幅が長い、人の生涯としての life を指す。筆者はこれまで、この意味における日々の生活と人生とを一括りにして「ライフ（life）」という用語を用いてきたので[9]、本書でもそれを便宜的に用いる。

第二に、「自身のライフ」を社会が求めることは、前著から本書にかけて筆者がテーマとする「個性的なライフ構築」論に基づいている。**はじめに**で述べたように、現代社会は人びとに自身のライフ構築を求めるようになっている。個々人が自身のライフを構築していくことは、社会にとって人びとのライフが多様化していくことを意味しており、そのことはすなわちライフが個性化していくことを意味している。

なお、ウェルビーイングを「幸福」と理解してきた人にとっては、ウェルビーイングが人びとの自身のライフを問題とする概念であることに違和感をもたれるかもしれない。しかし、むしろこれこそが古代ギリシャ以来の思想家・哲学者、そしてそれを引き継ぐ現代のウェルビーイング論者に共通するポイントである。**4**(**3**)で詳しく論じるように、アリストテレスが『ニコマコス倫理学[10]』において、幸福とは「よく活動すること(Doing well)」「よく生きること(Living well)」と説いたことに遡る。現代のウェルビーイング論の代表的論者の一人であるディエナーらも、

古代より人は、何が人のライフを良きものとするのかと思案してきた。主観的ウェルビーイングを研究する学者たちは、良きライフの本質的な要素として、個人こそが自身のライフを求めるのだという仮定に立って研究をしているのである[11]。

と述べる通りである。

第三に、「評価」についてである。ウェルビーイングは、人びとの自身のライフを問題とする概念であるが、どんなライフでもいいわけではなく、個人にとって「ウェル」なライフ（ビーイング）であることが求められる。アリストテレスの「よく活動すること（Doing well）」「よく生きること（Living well）」の主張に通ずるものである。

なお、「評価」は広く認知的・感情的に包括して扱われる。**第2章3**で実証的な取り組みを示すように、筆者は自身が関わるウェルビーイングの調査では便宜上「満足」（度）の指標を用いることが多い。「満足」だけで見ると、この指標はどちらかといえば認知的評価に近い性質をもっているように見えるが、その満足指標で本書が対象とする生活感情のようなライフへの評価も内包して扱えると考える。まとめて、「満足」は認知的・感情的な評価を包括的に扱える評価指標であると理解する。

第四に、「主観的」についてである。第二の点でディエナーの言を紹介したように、自身のライフの是非は当の個人こそが評価するものである。その意味において、評価は主観的にならざるを得ない。もっとも、ウェルビーイングに対する「主観的」アプローチには、幸福・エウダイモニアに代表される古代ギリシャ以来の思想史的概念からの脱却的意義も込められているので、それについては**第1章4**、**第2章**で詳しく論じる。

第五に、「自身のライフ」ではなく、「自己」を用いて、「ウェルビーイングとは、主観的に良しと評価する自己の状態である」と定義することも可能だということである。両用語はある程度交換可能であり、どちらを用いてもウェルビーイングは実質的に同じように定義され、同じように論じていくことができる。その上で「ライフ」を用いて定義する理由は、ウェルビーイングが日々の生活や人生としての自身のライフへの評価に直接的に焦点を当てるものだからである。

「自己」と「自身のライフ」が交換可能な概念である点について、理論的な説明をしておく。シェイベルソンらの自己概念の多元的階層モデル[12]を踏まえて作成した**図表1**を用いると、自己概念には、一方で一般的水準、あるいはより抽象的水準で「私は〜である」自己概念があり、他方で、個別的水準において日々の生活・人生としてのライフを生きる具体的な自己概念(＝経験的自己)がある[13]。具体的には、一般的水準に「一般的自己概念」を置き、頂点として、抽象的水準に「学業的自己概念」(例えば「勉強が好き[苦手]な私」)と「非学業的自己概念」(さらに「社会的自己概念」「情緒的自己概念」「身体的自己概念」に分かれる。例えば「社交的な私」「緊張しやすい私」「背が高い私」など)を置く。それぞれさらに下位次元の自己概念(例えば、学業的自己概念には「英語」「歴史」「数学」「科学」の自己概念。例えば「歴史が好きな私」「科学の勉強が苦手な私」など)を置いている。個別的水準の最下位には、それ

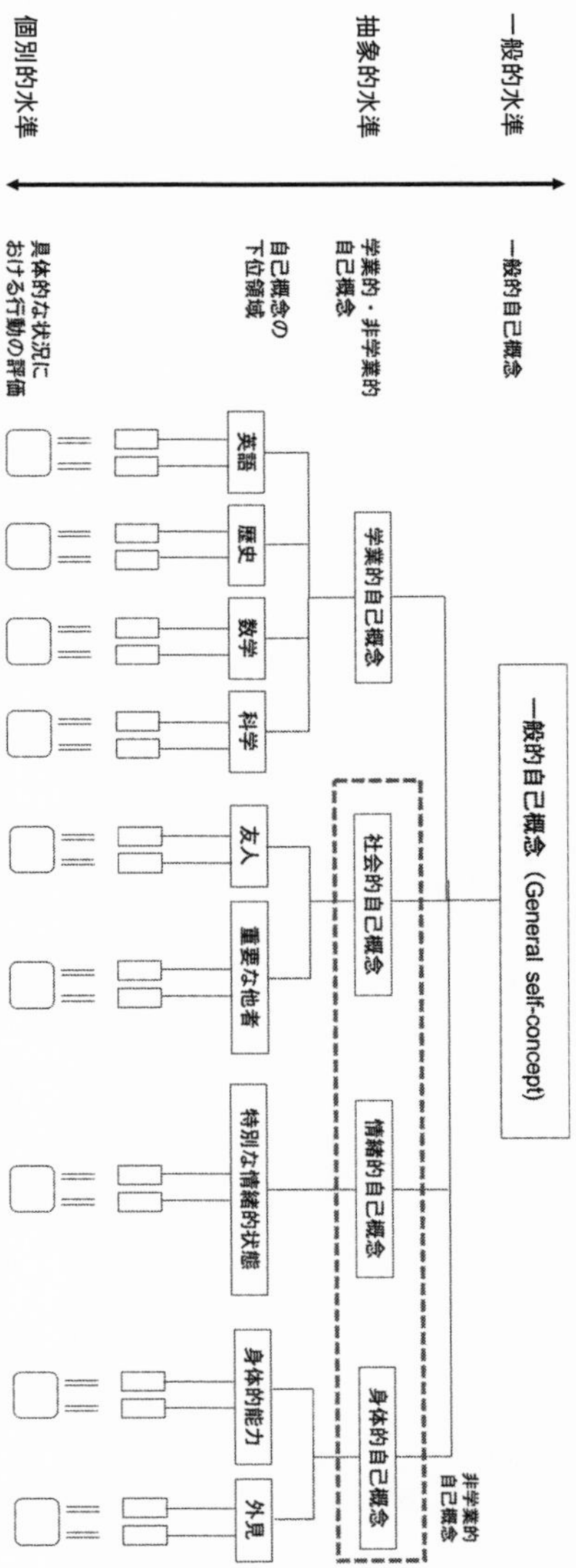

図表1　自己概念の多元的階層モデル[14]

らの抽象的・一般的自己概念のもとになる「具体的な状況における行動の評価」(例えば「昨日うまくプレゼンテーションを行った私」「家の手伝いをして褒められた私」など)があるとする。

シェイベルソンらの自己概念モデルは理念図であるから、学業的自己概念や社会的自己概念などが、実証的に図表に示す通りに多元的・階層的に配列して構造化されているわけではない。しかしながら、自己(概念)が一般的・抽象的水準から個別的水準まで、抽象度を変えながら多元的・階層的に構造化されて存在していると見るには十分なモデルである。その上で、個別的水準から見れば、自己は自身のライフ(日々の生活・人生)に基づくより具体的な自己の姿を表すことになり、抽象的・一般的水準から見れば、自己はより抽象的・一般的な自己を表すことになる。抽象的水準が上がると、自己は一つ一つのライフに対応したものではなく、過去のライフの積み重ねで概念化されたものとなりがちであるが、ある程度ライフを基礎にしているとはいうことができる。

こうして、自己はいずれの水準からも見ていくことが可能であり、その意味において、「自己」と「自身のライフ」はある程度交換可能な概念であるといえる。本書は、一方でウェルビーイング論として日々の生活・人生としてのライフへの評価に焦点を当てながら、他方で個別的水準から抽象的・一般的水準における自己を対応させて論じていくものである。

本書では、図表1の自己概念の多元的階層モデルを参考にして、ウェルビーイングを、個別的水準から抽象的・一般的水準にかけて自身のライフを多元的・階層的に評価するモデルとして考えていく。

具体的なイメージをもってもらうために**図表2**を示す。一般的水準に「自身のライフ（自己）」を設定し、その下位次元として「個人的ライフ」「社会的ライフ」、そのさらに下位次元に「日々の生活」「人生」を設定している。トップは「自身のライフ（自己）」と表しているが、それを「自己」とある程度置き換え可能だと理解する点は先に述べた通りである。図表における最下層には、OECD[15]のウェルビーイングの調査項目を並べている。この部分は、論者・調査者の目的に応じて柔軟であってよい。**第2章3**では、筆者の参加する倉吉市の事業で他のウェルビーイング項目をさらに追加して検討していることを補足しておく。

なお、「個人的ライフ」「社会的ライフ」「日々の生活」「人生」の下位次元は、筆者の考えに基づく抽象的水準のカテゴリーなので、**3**、**5**で考えを述べる。

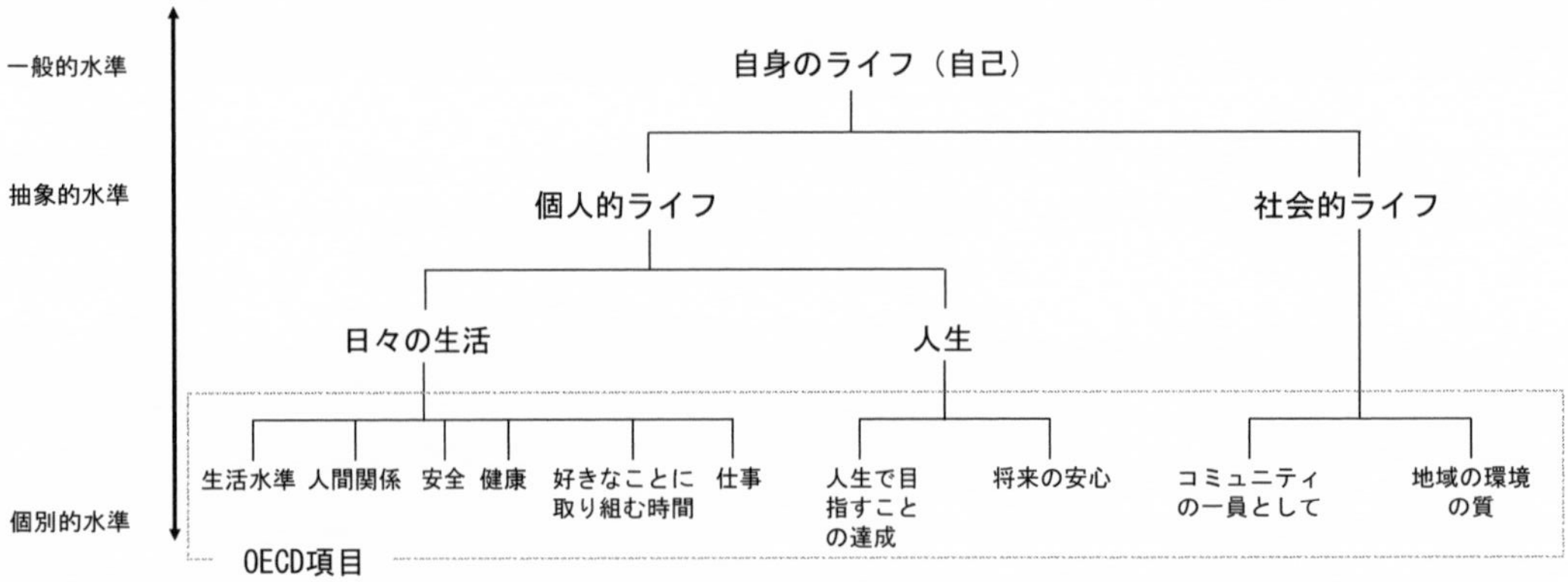

図表２　本書で扱うウェルビーイングの多元的階層モデル

2. ウェルビーイング論を見るポイントは定義と構成概念である

今日のウェルビーイング概念は、とくに日本では、「幸福」と訳され用いられているものが圧倒的に多い。ほかにも「健康」や「福祉」「生活の質(QOL：Quality of Life)」と訳されたりもする。しかしながら、**はじめに**で述べたように、「幸福」で事足りるのであれば、端から「ウェルビーイング」と呼ばずに「幸福」と呼んで論じればいい。「福祉」を指すなら「福祉」と呼べばいい。「生活の質」も同様である。この意味において、多くのウェルビーイング論は、「ウェルビーイング」という用語を用いるが故の論になっていない。

どのような捉え方であるにせよ、一つはっきりいえることは、様々なウェルビーイング論の特徴を見ていくポイントは、定義とそれに関連する構成概念にあるということである。それは、論者がウェルビーイングという概念を通して何を、どのように論じたいかを方向付けるものである[16]。とくに、ウェルビーイングは包括的な傘概念(umbrella term)であるから[17]、傘概念の下位に設定する次元、すなわち構成概念は論の真骨頂となる。誰をも納得させる一般的なウェルビーイングの定義や構成概念など存在しない。

同じ用語を用いながらも、論者によって定義や構成概念がどれだけ異なるものなのかを、ディエナーらとOECDの同じ「主観的ウェルビーイング」を例に見てみよう。なお、ウェルビーイングの頭に付いている「主観的」の強調の意味は**第2章**で詳しく論じるので、ここでは括弧（ ）にして説明を続ける。

図表3に両者のウェルビーイングの構成概念をモデルとして示す。上図のディエナーらは(主観的)ウェルビーイングを、

人びとの感情的な反応、領域別の満足、人生の満足に関する全体的な判断を含む広範囲の現象カテゴリーである[18]。

と定義して、その下位次元を、①快楽感情、②不快感情、③人生への満足、④領域における満足、と設定している。この構成概念は、日々の気分から人生の満足まで広範囲の認知的・感情的評価を扱うものとされる。他方で、下図のOECDは、(主観的)ウェルビーイングを、

良い精神状態のこと。それには、肯定的なものであろうと否定的なものであろうと、人びとがライフを通して行うあらゆる種類の評価と経験に対する感情的な反応を含む[19]。

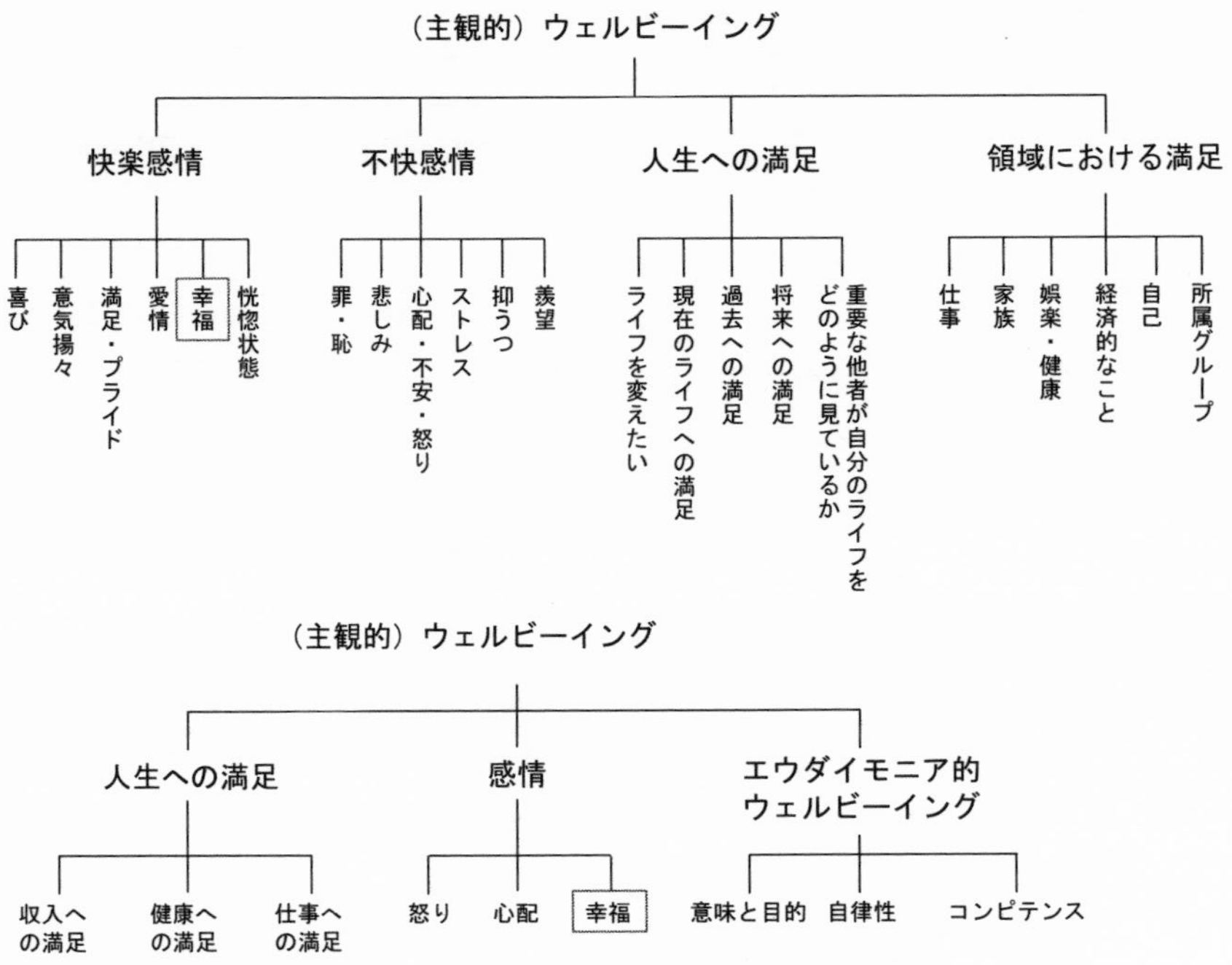

図表3　（上）ディエナーら[20]と（下）OECD[21]の主観的ウェルビーイング・モデル

と定義している。そして、下位次元とさらなる下位次元を、①人生への満足（収入への満足、健康への満足、仕事への満足）、②感情（怒り、心配、幸福）、③エウダイモニア的ウェルビーイング（意味と目的、自律性、コンピテンス）、と設定している。

ＯＥＣＤモデルはディエナーらのモデルを参考にして作成しているので、似ている部分があるのは当然であるが、それでも定義や構成概念は全く同じではない。その理由は、先に述べたように、ウェルビーイングという概念によって何を、どのように議論していきたいかが両者で異なるからである。

ちなみに、両モデルとも幸福はウェルビーイングと必ずしも同義ではないと考えられている。ディエナーらのモデルでは、「幸福」はウェルビーイングの「快楽感情」の下位次元の一つとして設定されており、同じ下位次元には他にも「喜び」や「意気揚々」「満足・プライド」などが設定されている。ＯＥＣＤも同様である。この図表からも、ウェルビーイングは幸福以上の概念であると考えられていることがわかる。

3．個人的・社会的に評価されるライフ

筆者は1で示したように、ウェルビーイングを「主観的に良しと評価する自身のライフを過ごし

ている状態」と定義している。簡単に言えば、個人が主観的に良きライフを過ごしていることをウェルビーイングと見なしているということである。だから、ディエナーらやOECDのように、幸福などの感情を下位概念としては設定しない。あくまで幸福などの感情は、ライフが自身にとってどの程度良いものと感じられているかを評価する時に用いる指標に過ぎないものである。これは、筆者がウェルビーイングという概念によって人びとの現代的な課題、自身のライフの構築を論じていきたいという意図を前面に押し出しているからであり、ここは筆者の主張となる筆者の領分である。

その上で、筆者はウェルビーイングの下位次元の構成について次のように考えている。**2**で述べた通りである。

自身のライフを評価する時、その評価には、幸福や満足などの個人基準で評価する場合（以下「個人的ライフへの評価」と呼ぶ）と、他者との関係性、地域や社会の中で自身がどのように生きているかという、社会基準から評価する場合（以下「社会的ライフへの評価」と呼ぶ）との二側面がある（図表2）。社会的ライフへの評価は、グローバルな視点で自然や環境などにどのように関わって生きているのか、どのように共生しているのか、といった社会的課題への関わりとして問われることもある。というのも、様々な属性や背景を持つ人びとと、ウェルビーイングという用語を頼りに、そして共有して、政策的・社会実践的・学術的に現代社会の様々な問題や課題を共に議論・実践していこうという大きな社会的意図が、この用語の使用には込められているからである。こうして説明していけば、ウェルビーイング論でなぜＳＤＧｓが関連するのか、なぜＯＥＣＤを始めとする国際機関がかくもウェルビーイングを唱えるのかの理由も見えてくる。

ウェルビーイングが自身のライフを個人的・社会的に評価していく概念であることは、ウェルビーイングの頭についている「ウェル（well-）」の意味を考えていくことでいっそう理解される。例えば、かつてのローゼンバーグの自尊感情論[22]を思い起こしてみたい。彼は、他者との優劣比較による自己評価ではなく、個人が自身の内的価値基準に照らした上で自らをどう捉えるのかを測定したいと述べた。彼はそれを、very good（［他者と比べて］とても良い＝社会基準）としての自尊感情ではなく、good enough（［自身の価値基準に照らして］これで良い＝個人基準）としての自尊感情だと見なした。ローゼンバーグは、たとえ他者より優れていなくとも、自身内で良しとするか否かの自己評価を測定したかったのである。

援用して、ウェルビーイングの「ウェル（well-）」も、自身のライフを個人的に評価するのか（＝good enough）、社会的に評価するのか（＝very good）の両側面があると考えてみることができる。good enoughとしてのウェルに焦点を当てれば、ウェルビーイングは自身のライフを個人的に評価したものとなり、具体的には、巷でウェルビーイングの意とされることの多い「幸福」や、他にも「人生満足」「肯定的・否定的感情」などの意となる。ウェルビーイングの意とされることの多い「健康」や

「QOL（Quality of Life：生活の質）」、「自己実現」等も、自身のライフを個人的に評価したものとして考えられる。他方で、very goodとしての「ウェル（well-）」に焦点を当てれば、ウェルビーイングは自身のライフを社会的に評価したものとなる。具体的に、地域・社会と関わる生き方、地球規模の、例えば環境やエネルギー問題に我が事として取り組むこと、企業の従業員としてのウェルビーイングなどは、自身の社会的ライフへの評価に位置づけて理解されよう。

筆者はウェルビーイングを、自身のライフを個人的に評価するものだけでなく、社会的に評価するものまで併せて論じられる包括的概念として扱っている。論の目的に応じて自身のライフへの個人的・社会的側面を使い分け、単純になりすぎないように論じていくことで、ウェルビーイングの用語一つで自身のライフを広範囲に論じていくことができるのである。

4. ウェルビーイングはいつから

ウェルビーイング（well-being）という概念が、いつ頃から、どのようにして世界的に広まったのかははっきりしないところがある。しかしながら、一九四八年に設立された国際機関であるＷＨＯ（世界保健機関）が、その憲章における「健康」の下位次元に「ウェルビーイング」を用いたことは、現代的・国際的なウェルビーイング論の嚆矢として紹介されることが多い。憲章の前文には、

> 健康（health）とは身体的・精神的・社会的なウェルビーイング（well-being）が満たされた状態のことであり、単に病気をしていないことや精神的に弱くないことを指すものではない[23]。

とある（**図表4**を参照）。ウェルビーイングがどのように定義される概念であるかは憲章では述べられていない。

日本では、このＷＨＯ憲章（一九四八年）でウェルビーイングという用語が初めて用いられたと説明されることが多いが、実は海外の文献や報告書でそのような説明はほとんど目にすることがない。ＷＨＯ憲章でこの用語が用いられたのは事実であるが、「初めて」というのはおそらく正しくない。

ウェルビーイング論が今日のように国際的に広

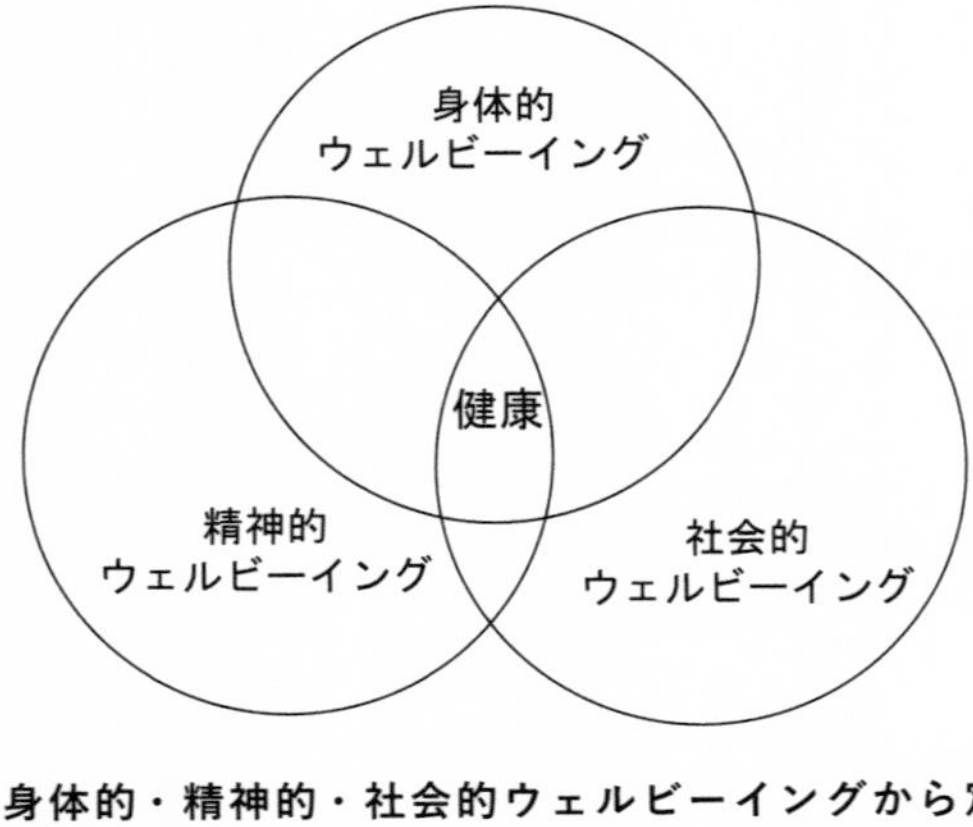

図表４　身体的・精神的・社会的ウェルビーイングから定義されるWHOの健康

まったのは、ＷＨＯ憲章で用いられたからではないだろうが、だからといって、幸福・エウダイモニア論が古代ギリシャ以来二〇〇〇年以上にわたって議論されてきたからというわけでもない。この後述べるように、一九四〇年代から六〇年代にかけて今日のウェルビーイング論に繋がる学術的な転換が行われたが、それでというわけでもないようである。

管見では、今日のウェルビーイング論は、直接的には国際機関であるＯＥＣＤ施策が大きく影響を及ぼしたものだと考えられる。現代社会、そしてこれからの社会をより良く生きるための人びとのライフ、学校教育、仕事・社会等に関するテーマでＯＥＣＤ施策の果たす国際的役割はきわめて大きく、加盟国である日本政府もそれを国策に関連付けることが多い。例えば「学校から仕事へのトランジション」[24]や「コンピテンシー」[25]「ＯＥＣＤ－ＰＩＳＡ調査」[26]「非認知能力（社会情動的スキル）」[27]のテーマはよく知られるＯＥＣＤ施策である。直近でいえば、二〇二〇年度から開始されたＧＩＧＡスクール構想の理由説明の一つとして、日本の子供の学習に関するＩＣＴ利用率がＯＥＣＤ諸国の中で最低であるという調査結果が紹介されたのもよく知られることである[28]。

そして、ウェルビーイングである。二〇二三年三月に中央教育審議会でまとめられた答申では、ウェルビーイングが「次期教育振興基本計画」[29]の大きなテーマの一つとして取り上げられている。そこでの説明には、ＯＥＣＤラーニング・コンパス二〇三〇の施策に依拠していることが言及されており、OECD施策の日本版として取り組まれていることが明らかである。

なおOECDは、様々な文化・歴史的背景をもつ加盟国から成る国際機関であり、ある加盟国が他の加盟国と比べて何かしら独自の特徴が浮き彫りにされるような政策的提言・データを提供する。その結果、ウェルビーイングに限らないが、あるテーマへのアプローチや指標は網羅的とならざるを得ない。ウェルビーイング施策では、本書で重要とする主観的指標（**第2章**を参照）ももちろん重要だとするが、それ以外にもGDPを始めとする経済的指標、物質的な生活の状態（所得と試算、仕事と報酬、住居等）などの客観的指標を用いて、様々な観点からウェルビーイングを総合的に検討している[30]。

ウェルビーイング（well-being）がもう少し古くから用いられてきた言葉であることは、世界最大級の『オクスフォード英語辞典（*The Oxford English Dictionary*）第二版[31]』で確認することができる。それによれば、well-being の意味は「良く生きること、良く振る舞うこと。幸福で、健康で、繁栄していること。個人やコミュニティが道徳的、身体的にうまくやれていること」（筆者が訳出）であるとされる。そして、このおおよそ私たちが今日扱うウェルビーイングに近い意味が網羅的に記載されている。そして、このような意味での well-being の用いられた文献が一六一三〜一八八三年までで一二例紹介されており、well-being という言葉が、遅くとも一七〜一九世紀あたりで用いられるようになった言葉であることを示唆している。

哲学者ロスがその著『アリストテレス(*Aristotle*)』(第四版[32]、一九四五年)において、初版[33](一九二三年)でhappinessとして論じていた用語をwell-beingと置き直して論じていることも示唆的である[34](もっとも、ロスは別のところでhappy、happinessも用いている)。時期的にWHOの憲章より少し早い。

筆者の知る限り、ロスの議論を受けて、「それではこれからは『ウェルビーイング』という用語で議論していこう」といった学術的同意は確認されないので、結局のところ、ウェルビーイングという用語を誰が最初に概念化したかははっきりしないという冒頭の見方に戻る。しかしながら、ウェルビーイングが一九四〇〜六〇年代に幸福やエウダイモニアに代わる用語として徐々に用いられるようになった、より個人的な価値を伴う自身のライフを表す概念[35]であるとは少なくともいっていいように思われる。

ウェルビーイング論の思想史的ルーツとして、アリストテレスの『ニコマコス倫理学[36]』に遡ることが多い。その中で幸福やエウダイモニアの論に遡り接続しながらも、最終的には切り離し、現代において論じるべき彼らの関心に合わせてそれらの一部を解釈し概念化する論者が少なからずいる[37]。それは、古代ギリシャ以来の幸福・エウダイモニア論の関心と重なる部分はあっても全く同じではなく、一枚岩ではない含蓄のある歴史的・思想史的な議論からは一定の距離を取って再出発したいという学術的・実践的な戦略的意図があるからだと考えられる。だから、そのような「切り離し」を必要としない、とくに哲学、倫理学、思想史等の専門家たちの多くは、今でも「幸福(happiness)」

や「エウダイモニア (eudaimonia)」という概念を伝統的に用いて論じている[38]。

5. 幸福・エウダイモニアの思想史的概念との関連

(1) ウェルビーイングの時間幅——快楽から人生の満足まで

筆者も、古代ギリシャ以来の幸福・エウダイモニアに関する議論を、自身の関心に従って解釈・継承し、今日のウェルビーイング論を展開している。筆者が引き継ぎたいポイントは大きく三点ある。第一に幸福・エウダイモニアがもつ時間幅の視点、第二に活動を基礎とすること、第三に社会的側面である。

一つ目の時間幅の視点について、タタルキェヴィッチは[39]、「幸福 (happiness)」は日常の言語や会話の観点で見れば時間の幅が長い言葉であると論じる。一方では、「喜び (joy)」「至福 (bliss)」「狂喜乱舞 (rapture)」等の日常で喚起する生活感情、すなわち、日々の「快楽 (pleasure)」を意味し、他方で、人生における自身への満足、すなわち「人生への満足 (life satisfaction)」を意味する。その上で、幸福論を後者の「人生への満足」に焦点を当てて論じるべきだという見解を示している。このような「人生への満足」に焦点を当てた論は、アリストテレスの『ニコマコス倫理学』の中で認められる。彼は「世上一般の最も低俗なひとびとの解する善とか幸福とかは、（中略）快楽にほかならない[40]」「それ（幸福）は究極の生涯においてでなくてはならない。（中略）至福なひと・幸福なひとをつくるものは一朝夕や短時日ではないのである[41]」と論じた。

もっとも、「人生への満足」に焦点を当てて幸福を論じることが重要だと見る場合でも、それで「快楽」を完全に切り離すかどうかは別の問題である。少なくともこの判断を行うには、「快楽」をどのように定義し、タタルキェヴィッチが論じるところの時間幅の中で「人生への満足」とどのように関連づけるかが重要な作業となる。アナスは次のように述べて、両者を完全に切り離せない考えを示している。

幸福な人生は、あなたにとって楽しく、快く、励みになる人生であり、あなたがそれを続けたいと思う人生である。他方、不幸な人生は、みじめな人生で、楽しむところがほとんど、あるいはまったくなく、できることなら避けたいと思う人生である。言い換えれば、幸福は快楽との何らかのつながりを含意するように見える。エウダイモニア主義者の説明はこの点を否定しない。アリストテレスが述べるように、あらゆる人が幸福の説明のなかに「快楽を織り込んでいる。とはいえ、エウダイモニア主義者の説明において、幸福とはまさに快楽にほかならないという結論は出てこないことは明らかである[42]。

つまり、「人生への満足」に抽象化・概念化されない「快楽」は幸福論の対象外であるが、日々の生活における「快楽」の一部が、思考上で多かれ少なかれ繋がり、「人生への満足」へと抽象化・概念化されることはあっていいと考えるのである。もちろん、日々の生活の感情や「快楽」を伴わない、思考上の「人生への満足」というものもあっていい。こうして、「快楽」と「人生への満足」を同じ幸福の時間幅の中で扱うことが可能となる[43]。

他方、冒頭から紹介しているディエナーらやOECDの「主観的ウェルビーイング」論は、古代ギリシャ以来の幸福やエウダイモニア論を、現代のウェルビーイング論として概念化し直し、心理学的に継承するものである。そこでは、「快楽」をウェルビーイングの下位次元として積極的に採用し、「人生への満足」と同列でウェルビーイングの一つと見る視座が主流である。彼らは、「快楽」を「喜び」や「意気揚々」「満足・プライド」「罪・恥」「悲しみ」「抑うつ」など、日々の快・不快感情を表す生活感情として、幸福の下位感情、あるいは関連感情と見なすことに十分な心理学的理由があると考えるのである。こうして、図表3上(ディエナーら)では「快楽感情」「不快感情」として、図表3下(OECD)では「感情」としてウェルビーイングの下位次元に構成されることになる。

心理学者のウォーターマンの議論も、古代ギリシャ以来の幸福やエウダイモニア論を、現代のウェルビーイング論の一つとして概念化し直し、心理学的に継承するものとして知られる[44]。ウォーターマン[45]はエウダイモニアを、人が「卓越性（excellence）」を理想的に追求すること、すなわち自己実現を追求することと心理学的に概念化し、そのために努力することが人生への意味づけや方向性を与えると考える。そしてウォーターマンは、もともと日々の活動から喚起される自己実現の表出感情を問題にしていたことから、ディエナーらとは異なる視座で、しかし同様に、前述してきた「快楽」も「人生への満足」も共に扱う。こうして、彼が開発する自己実現の感情表出尺度、正確にはＰＥＡＱ（個の表出的活動調査票：The Personally Expressive Activities Questionnaire）では、下位次元が「個の表出感情（feelings of personal expressiveness）」「快楽的楽しみ（hedonic enjoyment）」の二因子で構成されるものとなる。それぞれの基礎的な二項目は以下の通りとなっている[46]。

個の表出感情
- この活動は、私を最大限生き生きと感じさせるものである
- この活動は私がほんとうに何者であるかを強く感じさせるものである

快楽的楽しみ
- この活動を通して私は最大の楽しさを感じられる
- この活動によって私は最大の快楽を得られる

筆者のウェルビーイング論では、自身のライフを「日々の生活」「人生」の両次元で捉えるので（1〜3）、図表2で示したように、「日々の生活」と「人生」は同列の異なる種類の下位次元として設定している。ディエナーら、OECD、ウォーターマンのウェルビーイングを扱う関心とは必ずしも同じではないが、ウェルビーイングの構成概念に時間幅を日々の生活から人生まで広く取るということでは視座が一致している。

なお、幸福の「卓越性」を心理学的に概念化した論として、他にもセリグマンの「PERMAモデル[47]」やリフの「心理的ウェルビーイング[48]」がよく知られる。第三者から客観的に人の卓越的な態度や能力を概念化したといえるものであり、同じ心理学的な検討ではあっても、ディエナーらやOECDの主観的ウェルビーイング論とは視座が異なるものである。幸福やウェルビーイングの「隆盛（flourishing）」的側面とも呼ばれており、平均的にその指標で高い得点を示すことが、隆盛の高さを表し、ひいてはウェルビーイングを高めていることと実証的に示されている[49]。

セリグマンのＰＥＲＭＡモデル――ウェルビーイングを高める５つの要素[50]

(1)ポジティブ感情（positive emotion）

快の人生としてのポジティブな感情。幸福や人生の満足感も、ポジティブな感情の一要素として格下げする。

(2)エンゲージメント（engagement）

仕事やある活動において時を忘れて没頭している状態。いわゆるフロー状態。

(3)関係性（relationships）

他者との関係性。ＰＥＲＭＡモデルの他の要素を実現している時には、たいてい他者がいる。

(4)意味（meaning）

自分よりも大きいと信じる存在に属して仕えること。

(5)達成感（achievement）

ある活動をそのものの良さのために追求・達成すること。

リフの心理的ウェルビーイング（psychological well-being）[51]

(1)自己受容（self-acceptance）

自己に対してポジティブな態度をもつ。良いところも悪いところも含めて自己の様々な側面を認め受容する。これまでの人生に対してポジティブに感じる。

⑵他者との良好な関係（positive relations with others）

他者に対してあたたかな、満足する、信頼のおける関係性をもっている。他者がより良く過ごすことに関心をもち、強い共感、愛情、親密さを示すことができる。互恵的な人間関係を理解している。

⑶自律（autonomy）

自己決定や独立性が高い。社会的プレッシャーに抵抗し、あるやり方で考え行動する。内部からの行動を調整する。自身の基準に基づく自己を評価する。

⑷環境支配（environmental mastery）

環境とやりとりするにあたっての支配感や有能感がある。複雑に重なる外的な活動をコントロールする。周囲の機会を有効に利用する。個人の欲求や価値に適した文脈を選んだり創り出したりする。

⑸人生の目的（purpose in life）

人生の目的をもち、どこに向かっているかがわかっている。現在や過去の人生に対して意味があると感じている。人生の目的に意味を与える信念をもっている。生きることへの目的・目標をもっている。

(6)自己成長（personal growth）

これからも発達していくと感じている。自己を成長するものであり拡大していくものであると見ている。新しい経験に開かれている。自身の潜在能力を引き出せると感じている。自己や行動パターンを改善していけると見ている。自分をより良く知り効果的であるやり方をもって変わっていける。

(2)ウェルビーイングは活動を基礎にすること

二つ目の活動を基礎にすることについて述べる。

アリストテレスは『ニコマコス倫理学』において、感情としての幸福のみを論じたわけでは決してなく、「よく活動すること（Doing well）」「よく生きること（Living well）」の結果として感じられる幸福を論じた。アリストテレスは、次のように述べた。

われわれがもって政治の希求する目標だとなすところの「善」すなわち、われわれの達成しうるあらゆる善のうちの最上のものは何であるだろうか。（中略）一般のひとびとも、たしなみのあるひとびとも、それは幸福（エウダイモニア）にほかならないというのであり、のみならず、よく生きている（エウ・ゼーン）ということ、よくやっている（エウ・プラッティン）ということを、幸福にしている（エウダイモネン）というのと同じ意味に解する点においても彼らは一致している[52]。

われわれの規定に対しては、幸福なひととはよく生きているひと、よくやっているひとを意味するという考えも適合する。幸福はよく生（き）、よく働きというほどのものとして規定されたのだからである[53]。

アリストテレスの幸福（エウダイモニア）論が、幸福一つに多くの「こうあるべし」といった規範的な徳の要素を盛り込み、この概念を幸福論から遠ざけた、複雑化したという批判[54]は承知の上で横に置き、それでもアリストテレスが活動を基礎に置いたことは、筆者がウェルビーイングを論じる上で引き継ぎたいポイントの一つである。

興味深いことに、先に紹介した『アリストテレス』の著者である哲学者ロスは、初版（一九二三年）[55]でアリストテレスの幸福（エウダイモニア）をhappinessという用語を用いて説いた。しかしながら、第四版（一九四五年）[56]では、そのhappinessをwell-beingに置き換えた（左記）。用語の置き換え以外は、この部分における説明文章は全く同じである。ロスは、アリストテレスの「活動であらねばならない」をhappinessとして説くことに無理があると考えたのかもしれない。

> **初版（一九二三年）：幸福**（happiness）とは活動であって、その人の状態や性質といったものであってはいけない。それ自体で望ましい活動であらねばならない。（中略）**幸福**（happiness）は徳（virtue）に従った活動であらねばならないのである[57]。
>
> **第四版（一九四五年）：ウェルビーイング**（well-being）とは活動であって、その人の状態や性質といったものであってはいけない。それ自体で望ましい活動であらねばならない。（中略）**ウェルビーイング**（well-being）は徳（virtue）に従った活動であらねばならないのである[58]。

本書では冒頭から、今日のウェルビーイング論の多くが、その意を感情としての「幸福」と見なして論じていることに異を唱えてきたが、その理由の一つは、ウェルビーイングに「活動を基礎とすること」をポイントとして据えたいからである。活動とライフは近接する。「活動を基礎とすること」はウェルビーイング論がライフ論であることを示唆するのである。筆者にとってウェルビーイングは、人びとの自身のライフの構築をテーマとして論じるものなのである。

国際的に用いられる今日のウェルビーイング論もまた非常に実践的であり、活動を基礎とするものが多い。その意味で、ライフ論である。人びとの暮らしの意味や人生の価値を問い直すライフの概念として扱われているのである。時に、それは地球規模での自然環境やエネルギーの問題などにまで及ぶ。どうしてそこにウェルビーイングという概念が関係してくるのか、多くの人びとはわからなくなっている。しかし、そこに、人びとの暮らしや人生等を「自身のライフ」と置き換えて、ウェルビーイングはその自身のライフを個人的・社会的に評価する(し直す)指標として措定されていると捉えてみると、話の意味がいろいろ通ってくる。

アリストテレスは、このような自身のライフを意味して「活動」を論じたわけではなかったが、ここまで「幸福」に代表される感情指標としてのウェルビーイング論が席巻すると、自身のライフ(活動)に立ち戻って感情を見よ、と説きたくなる。筆者が本書で扱う自身のライフは、日々の生活から人生まで、個人的側面から社会的側面まで広く包含する概念として措定されており、その力学はアリストテレスの措定した「活動」に負けないものである。筆者は、筆者の自身のライフ論にアリストテレスの「活動」を重ねて見ており、その本質を援用して現代的なウェルビーイングを論じたいと思っているのである。

(3)ウェルビーイングの社会的側面――徳に代わるもの

第三に、ウェルビーイングの社会的側面についてである。筆者が扱うウェルビーイングの多元的階層モデルに従えば、一つ目の「日々の生活」「人生」は自身のライフへの個人的側面への評価に相当する(図表2)。もう一つの、自身のライフへの社会的側面への評価がこれに追加されなければならない。アリストテレス以来の幸福、とくにエウダイモニア論において、かなりの重要度をもって論じられてきた(有)徳(virtue)の考えがあるが[59]、それは自身の社会的ライフへの評価に相当するものと考えられる。

アリストテレスは『ニコマコス倫理学』の中で、幸福・エウダイモニアを実現する要素としての「卓越性」を論じた。その卓越性には、心理学者が焦点化してきたどちらかといえば「知性的」な卓越性もあったが、それだけでなく、徳に強く関わる「倫理的」な卓越性もあった[60]。アリストテレス以来のこのテーマに関する論者たちの多くは、単に個人が自身のライフに個人的に満足すればいいだけの幸福ではなく(=個人的ライフへの評価)、社会的に良し(good)とされること、正しい(right)とされることを実践して生きて感じる幸福(=社会的ライフへの評価)をも論じてきたのである[61]。

しかしながら、今日のウェルビーイング論の多くは心理学的に検討されており、結果、卓越性の倫理的・徳の観点が、全くといっても言い過ぎではないほどに継承されていない。心理学的に実証的に扱えるのは、どちらかといえば知性的な卓越性の方であると、検討に制約をかけた事情もあったかもしれない[62]。また、今日の哲学者の議論においても、アリストテレスが『ニコマコス倫理学』で等価と論じた「幸福」と「エウダイモニア」は相異なる概念であるとし、両者を切り離す考え方が数多く示されてもいる[63]。こうして今日のウェルビーイング論は、エウダイモニアあるいは徳を切り離して心理学的な「幸福」概念を抽出し、結果、きわめて自身のライフへの個人的評価の色彩の強いものとなっているのである。

もちろん、今日のウェルビーイング論が徳を継承しなかったからといって、徳の思想や学術的検討がなくなってしまったわけではない。今でも哲学や倫理学の分野では、学術的・実践的に徳・道徳の議論や検討が盛んになされている。宗教的な分野まで拡げてみれば、例えば仏教の菩提心や利他の精神は、まさに徳の研究・実践であるといっても過言ではない。

また、一見徳の議論に関係のないように見える、例えば将来結婚をするか、子供をもつか（産むか）といった将来ビジョンに関することでも、社会的・文化的価値に関わるものとなってくれば、それは立派な徳の議論となる。呉が述べる次の文章を引用して本章を締めよう。もっとも、最後の「日本には、一系の血筋を永遠に守り続けることが善だという考えが基本的にない」という主張には筆者は必ずしも賛同できないことは付け加えておく。

子孫を残すこと、それがなんといっても人生最大の価値だという考えは、現在の韓国でもいまだに根強いものがある。韓国のシングル族はここで悩むのである。しかし日本には、一系の血筋を永遠に守り続けることが善だという考えが基本的にない[64]。

6. まとめ

本章では、本書の論の基礎的土台として、筆者のウェルビーイングの定義とそのポイント、多元的階層モデルにおける、とくに①個別的水準から抽象的・一般的水準、②個人的・社会的ライフへの評価を節に分けて説明した。また、ウェルビーイングという用語や概念がいつ頃から使用され始めたか、アリストテレスを始めとする古代ギリシャの思想史的関係を、①時間幅（快楽から人生の満足まで）、②活動を基礎とすること、③徳に代わる社会的側面、の三つの観点から論じた。

注

9　例えば溝上(2023)を参照

10　アリストテレス（著）高田三郎（訳）(1971). ニコマコス倫理学（上）　岩波書店

11　Diener, Lucas & Oishi (2002)、p.63。Diener, E., Lucas, R. E., & Oishi, S. (2002). Subjective well-being: The science of happiness and life satisfaction. In C. R. Snyder, & S. J. Lopez (Eds.), *Handbook of positive psychology*. Oxford: Oxford University Press. pp.63-73

12 Shavelson, R. J., Hubner, J. J., & Stanton, G. C. (1976). Self-concept: Validation of construct interpretations. *Review of Educational Research, 46(3)*, 407-441.

13 基本的に筆者は、自己を論じる時には下位水準の自己(概念)を「私」と指定して用いることが多いが、本書は自己を中心に論じるものではないので、読者の混乱を最小限にするべく、「自己」と単純に表現しておくこととする。「自己」「私」の理論的説明については、溝上(2016)を参照。溝上慎一(2016). 自己の理解のしかた―自己の全体―部分の関係― 中間玲子(編) 自尊感情の心理学―理解を深める「取扱説明書」― 金子書房 pp.156-171

14 Shavelson et al. (1976)、Fig.1 (p.413)をもとに筆者が作成

15 ＯＥＣＤ(2013)を参照

16 定義と構成概念の関係に関して、セリグマンの「真正な幸福(authentic happiness)」論(Seligman, 2003)から「ウェルビーイング」論(Seligman, 2011)へと改訂した経緯が参考になる。Seligman, M. E. P. (2003). *Authentic happiness: Using the new positive psychology to realise your potential for lasting fulfillment*. London: Nicholas Brealey Publishing、Seligman, M. E. P. (2011). *Flourish: A visionary new understanding of happiness and well-being*. New York: ATRIA(翻訳書は、宇野カオリ(監訳)(2014). ポジティブ心理学の挑戦―〝幸福〟から〝持続的幸福〟へ― ディスカヴァー・トゥエンティワン)

17 Diener (2006)を参照。Diener, E. (2006). Guidelines for national indicators of subjective well-being and ill-being. *Applied Research in Quality of Life, 1(2)*, 151-157.

18 Diener et al. (1999)、p.277。Diener, E., Suh, E. M., Lucas, R. E., & Smith, H. L. (1999). Subjective well-being:

Three decades of progress. *Psychological Bulletin, 125(2)*, 276-302.

19 ＯＥＣＤ(2013)、p.10

20 Diener et al. (1999)、Table 1 (p.277) を参考にして作成

21 ＯＥＣＤ(2013)、Figure 1.1 (p.33) を参考にして作成

22 Rosenberg, M. (1965). *Society and the adolescent self-image*. Princeton, New Jersey: Princeton University Press.

23 World Health Organiztaion (2020). *Basic documents : Forty-ninth edition2020*. Geneve: WHO. https://apps.who.int/gb/bd/pdf_files/BD_49th-en.pdf (二〇二三年三月一三日アクセス)

24 溝上(2014)に詳しい。溝上慎一 (2014). 学校から仕事へのトランジションとは　溝上慎一・松下佳代 (編) 高校・大学から仕事へのトランジション—変容する能力・アイデンティティと教育—　ナカニシヤ出版 pp.1-39

25 松下(2010)、白井(2020)に詳しい。松下佳代 (2010). 〈新しい能力〉概念と教育—その背景と系譜—　松下佳代 (編) 〈新しい能力〉は教育を変えるか—学力・リテラシー・コンピテンシー—　ミネルヴァ書房 pp.1-41、白井俊 (2020). ＯＥＣＤ Education2030 プロジェクトが描く教育の未来—エージェンシー、資質・能力とカリキュラム—　ミネルヴァ書房

26 例えば、以下のＯＥＣＤのＰＩＳＡ調査報告書の翻訳書を参照。国立教育政策研究所 (編) (2002). 生きるための知識と技能—ＯＥＣＤ生徒の学習到達度調査 (ＰＩＳＡ)・二〇〇〇年調査国際結果報告書　ぎょうせい、国立教育政策研究所 (監訳) (2004). ＰＩＳＡ二〇〇三年調査・評価の枠組み—ＯＥＣＤ生徒の学習到達度調査—　ぎょうせい

27 白井(2020)に詳しい

28 文部科学省ウェブサイトの「ＧＩＧＡスクール構想の実現」というサイトにある説明リーフレットに、「学

校の授業におけるデジタル機器の使用時間はOECD加盟国で最下位」として、OECDのPISA調査の結果が紹介されている。文部科学省「GIGAスクール構想の実現へ」(二〇二〇年六月二五日) https://www.mext.go.jp/content/20200625-mxt_syoto01-000003278_1.pdf (二〇二三年一一月二日アクセス)

29 文部科学省『次期教育振興基本計画について(答申)』(令和五年三月八日) https://www.mext.go.jp/b_menu/shingi/chukyo/chukyo0/toushin/1412985_00005.htm (二〇二三年一〇月三一日アクセス)

30 OECD (2012) を参照。なお幸福度白書は、現在、第一巻から第五巻(二〇二一年)まで計五冊刊行されている。OECD (編) 徳永優子・来田誠一郎・西村美由起・矢倉美登里 (訳) (2012). OECD幸福度白書―より良い暮らし指標：生活向上と社会進歩の国際比較― 明石書店

31 Simpson, J., Weiner, E., Murray, J. A. (1989). *The Oxford English Dictionary 2nd edition*. Oxford : Clarendon Press.

32 Ross (1945) を参照。ただし、同書の第二版、第三版を入手することができなかったので、ここでの意は、遅くとも第四版で happiness が well-being に置き換えられたというものである。Ross, W. D. (1945). *Aristotle*. 4th edition. London: Methuen、Telfer, E. (1980). *Happiness*. New York: St. Martin's Press.

33 Ross, W. D. (1923). *Aristotle*. London: Methuen.

34 Kraut (1979) も参照。Kraut, R. (1979). Two conceptions of happiness. *The Philosophical Review, 88(2)*, 167-197.

35 Tiberius, V. (2013). Recipes for a good life: Eudaimonism and the contribution of philosophy. In A. S. Waterman (Ed.), *The best within us: Positive psychology perspectives on Eudaimonia*. Washington, DC: American Psychological Association. pp.19-38

36 アリストテレス (1971) を参照

37 Bradburn (1969)、Diener (1984)、Seligman (2011)、Waterman (2013) 等を参照。Bradburn, N. M. (1969). *The structure of psychological well-being*. Chicago: ALDINE、Diener, E. (1984). Subjective well-being. *Psychological Bulletin,*

95(3), 542-575、Waterman, A. S.（2013）. Introduction: Considering the nature of a life well lived: Intersections of positive psychology and eudaimonist philosophy. In A. S. Waterman（Ed.）, *The best within us: Positive psychology perspectives on Eudaimonia*. Washington, DC: American Psychological Association. pp.3-17

38　アナス（2019）、Feldman（2010）等を参照。アナス, J.（著）相澤康隆（訳）（2019）. 徳は知なり―幸福に生きるための倫理学―　春秋社、Feldman, F.（2010）. *What is this thing called happiness?* Oxford: Oxford University Press.

39　Tatarkiewicz（1962）、pp.ix-3。Tatarkiewicz, W.（1962）. *Analysis of happiness*. The Hague: Martinus Nijhoff.

40　Ibid., p.22

41　Ibid., p.34。括弧内は筆者による

42　アナス（2019）、p.220

43　他にも同様の議論を行っているRoss（1945）、Telfer（1980）を参照

44　ウォーターマンが「個の表出（personal expressiveness）」概念を最初に提起した頃は（*cf.* Waterman, 1990）、彼の論はウェルビーイング論としてのものではなく、エリクソンやマズローを踏まえた「自己実現（self-realization）」論としてのものであった。しかし彼は、古代ギリシャ以来の幸福やエウダイモニアの哲学思想と関連させて（彼の）自己実現を論じていたことから、それは必然的にウェルビーイング論の一つとして合流していくことになる（*cf*, Waterman, 2013）。Waterman, A. S.（1990）. Personal expressiveness: Philosophical and psychological foundations. *Journal of Mind and Behavior, 11(1)*, 47-74.

45　Waterman（1990, 1993）を参照。Waterman, A. S.（1993）. Two conceptions of happiness: Contrasts of personal expressiveness（eudaimonia）and hedonic enjoyment. *Journal of Personality and Social Psychology, 64(4)*, 678-691.

46　Waterman（1993）、p.682。訳出は筆者による。

47　Seligman（2011）を参照

48 Ryff, C. D.（1989）. Happiness is everything, or is it? Explorations on the meaning of psychological well-being. *Journal of Personality and Social Psychology, 57(6)*, 1069-1081.

49 他にも、デシとライアンらの「自己決定理論（self-determination theory）」（Ryan et al., 1996）も隆盛指標としてよく挙げられる（日本語での解説として櫻井，2012を参照）。また日本では、前野・前野（2022）の「非地位財としての４つの心の因子」もよく知られる。Ryan, R. M., Sheldon, K. M., Kasser, T., & Deci, E. L.（1996）. All goals are not created equal: An organismic perspective on the nature of goals and their regulation. In P. M. Gollwitzer, & J. A. Bargh（Eds.）, *The psychology of action: Linking cognition and motivation to behavior*. New York: Guilford Press. pp.7-26、櫻井茂男（2012）. 夢や目標をもって生きよう！―自己決定理論―　鹿毛雅治（編）　モチベーションをまなぶ12の理論―ゼロからわかる「やる気の心理学」入門！　金剛出版　pp.45-72、前野隆司・前野マドカ（2022）. ウェルビーイング　日本経済新聞出版

50 Seligman（2011）、訳書 pp.34-42から要約

51 Ryff（1989）、Table 1（p.1072）を筆者が翻訳

52 アリストテレス（1971）、p.20

53 アリストテレス（1971）、p.36。（　）は筆者が挿入

54 例えばKraut（1979）を参照。このあたりのアリストテレスの幸福（エウダイモニア）論への批判は**第2章1**で取り上げている。

55 Ross（1923）を参照

56 Ross（1945）を参照

57 Ross（1923）、p.232を筆者が翻訳。下線、太字は筆者による

58 Ross（1945）、p.232を筆者が翻訳。下線、太字は筆者による。なお、引用ページは初版と第四版とで全く

同じであるが、誤記ではないので念のため記しておく。

59 「徳（virtue）」は、アナス（2019）を参考にして、〝気前がよい〟〝勇敢である〟〝正直である〟といったような、社会的に善（良きこと）と見なされる行為を実践する人が有する傾向性のことと定義しておく。

60 アリストテレス（1971）を参照

61 Kraut (1979) を参照。なお、Tatarkiewicz (1962) は、次のように述べ、幸福は個人的なライフにおける満足だけではなく、その外で関係する他者を始め、地域・（国際）社会と共にあるとし、本書でいうところの社会的ライフにおける満足でもあると論じる。「私のライフとは〝私の町〟あるいは〝私の国〟といったようなものである。（中略）私の幸福は私のライフへの満足である。しかし、私のライフは他者との生活の多くを共有するものである」(p.13)。なお、このような論法は、James (1890) の My things（私の服、私の車など）を Me の拡張として自己の一部（Mine）と見なす自己論とも通じている。James, W. (1890). *The principles of psychology. Vol. I and II.* New York: Henry Holt.

62 Waterman (2013) を参照

63 アナス（2019）、近藤（2015）、Kraut (1979)、Ross (1945)、Telfer (1980) を参照。近藤智彦（2015）．ストア派は内面的な幸福を説いたか？　哲学の探求（哲学若手研究者フォーラム），42, 2-23.

64 呉（2007）、p.112。呉善花（2007）．日本人ほど個性と創造力の豊かな国民はいない　ＰＨＰ研究所

第2章 ウェルビーイングへの主観的アプローチ

第1章2で述べたように、ウェルビーイングの定義や構成概念が多様に提起されるのは、ウェルビーイングという概念を通して何を、どのように論じたいかが論者によって様々だからである。このテーマに取り組む論者の関心の多様性がこの様々な状態を作り出している。その中で筆者は、自身のライフの構築をテーマとしてウェルビーイングを概念化しており、そのウェルビーイングが当の本人(個人)にしか評価され得ないという意味において、「主観的」アプローチを採用している。その意味では、**第1章**で紹介したディエナーら[65]やOECD[66]の「主観的ウェルビーイング」論の理由と重なるところも多いが、スタートの概念設定の文脈は異なっている。本章ではこの点を説明していく。

なお、筆者は「主観的ウェルビーイング」と呼ばずに、単純に「ウェルビーイング」と称することにしている。代わりに、「主観的に良しと評価する自身のライフを過ごしている状態である」と、定義の中に「主観的」を組み込む形を取っている。というのも、ウェルビーイング論の初期の時期には、古代ギリシャ以来の幸福・エウダイモニア論と切り離すために「主観的」を頭に付ける積極的な理由があったが、ウェルビーイングが論じられ始めて半世紀経つ今日において、その文脈に積極的にこだわる理由はもはやなくなっていると考えるからである。

1．主観的アプローチを強調するこれまでの理由

まず、これまでの経緯を確認しよう。

「主観的」（ウェルビーイング）に焦点を当てる学術的理由はいくつか提起されているが、まず、哲学者のクラウト[67]が、そもそも「幸福」とは個人が自由に、柔軟に感じていい主観的な感情であり、アリストテレスのように、いろいろ外側から条件を設けて「幸福とはこういうものであるべし」とされるようなものではないと批判していることを踏まえよう。クラウトは、多くの哲学者たちは、アリストテレスが現代で用いるところの「幸福」を論じたとは見ていないとさえ述べている。だからといって、それでこれからは「幸福」を「ウェルビーイング」に置き換えて議論していこうとはクラウトの論でもならないのだが、心理学者のウォーターマン[68]は、彼のウェルビーイング論における古代ギリシャ以来の哲学的な幸福論からの「切り離し」（第1章4を参照）の根拠に、このクラウトの考えを採用している。

その上で、とくに心理学者が「主観的」(ウェルビーイング)に焦点化していくのは、「主観的」がウェルビーイングを「実証的(empirical)」に検討していく方法論になるからである。この背後には、この流れの中心にいる心理学者の多くが共有する、実際の人の心の原理や構造、状態を実証的にアプローチしようとする心理学の学問的潮流がある。それは、古代ギリシャ以来の幸福、とくにエウダイモニア論の多くの「かくあるべし」といった「規範的(normative)」アプローチへの批判ともなっている[69]。「主観的ウェルビーイング」の代表的提唱者であるディエナーは、論文の冒頭で一九六七年のウィルソン[70]の論文を引用する[71]。ウィルソンは、幸福に関して実証的に行われていた当時の論文をレビューして、

幸福な人は、性や知能に関わらず、若くて、健康的で、教育を多く受けていて、収入が高く、外向的で、楽観的で、あまり悩みがなく、宗教的で結婚している人たちである。その人たちは自尊感情が高く、仕事のモラルも高く、控えめな野心をもった人たちである[72]。

とまとめている。ウィルソンはこの論文を「公言された幸福(avowed happiness)」の研究と称しており、「公言された」は「質問紙によって直接的に自己報告された[73]」の意であると説明している。それはディエナーにとって「主観的」「実証的」と同義であった。

ウェルビーイングを実証的に扱い、人びとのウェルビーイングに関する心の実態や構造を扱うとなると、必然的に、感情のポジティブな側面のみを見るだけでウェルビーイングを明らかにすることができず、ネガティブな側面をどのように否定したり受容したりするかというところまで見ていかなければならないという視座にたどり着く[74]。必ずしもポジティブな感情はネガティブな感情の裏返しではないことは、心理学がそれまでの研究の中で明らかにしてきた心の構造の大きな知見である[75]。ディエナーらやOECDの主観的ウェルビーイングの構成概念にネガティブな感情(ディエナーらの構成概念では「不快感情」、OECDの構成概念では「感情」の下位次元として「怒り」や「心配」が相当する)が組み込まれているのは、そのような知見を踏まえてのものである(図表3を参照)。

もっとも、ウェルビーイングに対する心理学者の実証的アプローチは、決して「主観的」アプローチにとどまらず、「客観的」にウェルビーイングの隆盛の構造を明らかにする方向へも大きく進む[76]。その「客観的」というのも、主観的に回答されたデータを用いるものではあるのだが、それを統計的に、第三者的に加工し得点化して「客観的」アプローチとしている。その結果、回答者が「主観的に自己報告した」ものからは遠ざかった得点を用いることになる。先に紹介したセリグマンのPERMA[77]モデルやリフの心理的ウェルビーイング[78]の取り組みは、その「客観的」アプローチの代表である。

筆者がウェルビーイングに「主観的」にアプローチする理由は、ウェルビーイングを実証的に測定していけるからということよりも、ウェルビーイングの定義である自身のライフを評価できるのが当の本人（個人）しかいないという考えに基づいている。自身のライフに焦点を当てているのであるから、規範的アプローチはもちろんのこと、多くの人びとに共通する第三者的・客観的な評価指標を措定するのは論理矛盾である。この文脈において、筆者にとっての自身のライフの評価は主観的アプローチしかあり得ない。実証的な測定を考えていくのはその後のことである。そして、この立場においては、分析はできるだけ個人が回答したローデータに近い形で、統計的に変換し過ぎない形でなされるべきである。

スタートの関心や文脈は異なるが、ディエナーらの主観的ウェルビーイング論の主張には共感するものが大いにある。彼の言葉を紹介しておく。

人びとが自身の人生をどのように考え、感じるかを尊重しなければならない。人びとは、専門家たちから自分たちの人生についてあれこれ評価されることを良いとは思っていない。自分たちの考えこそ大事なのだと思うようになったのである。[79]

2. ウェルビーイングは一般的ウェルビーイングを起点として終点とする論である

何度も述べるように、筆者のウェルビーイング論において、第一の作業は個人が自身のライフを構築することである。図表2で示したように、自身のライフは一般的水準から個別的水準まで階層的に扱われるものと考えているので、自身のライフもそれぞれの水準で存在することになる（それぞれの水準におけるウェルビーイングを、以下便宜的に「一般的ウェルビーイング」「個別的ウェルビーイング」と呼ぶ）。

これを基に、個別的ウェルビーイングは二つの観点から見ていくことが可能である。一つは、個別的ウェルビーイングそれ自体を見ていくことである。例えば、仕事や家族、趣味などの個別的水準における特定次元のライフが、自身にとって満足（評価）できるものとなっているかというような見方である。もう一つは、一般的ウェルビーイングとの関連において満足（評価）できるものとなっているかというような見方である。個別的ウェルビーイングは、具体的な自身のライフへの直接的な評価なので、これはいいとして、二つ目について説明していこう。

人は、どんなに仕事で成功しても、どんなに幸せな家庭を築けていても、それで一般的ウェルビーイングを高めるわけではない。**第3章**で詳しく述べるように、今日のウェルビーイング論は人が物質的・経済的な充足を実現しても、それだけで必ずしも幸せにはなれないという現代的課題のもと提起されている。この時の「物質的・経済的な充足」とは個別的ウェルビーイングを指し、「それだけで必ずしも幸せになれない」と言う時の「幸せ」は一般的ウェルビーイングを指している。つまり、この課題は、ある特定次元の個別的ウェルビーイングが高いだけで人は必ずしも一般的ウェルビーイングを高めるわけではなく、一般的ウェルビーイングも高める形で個別的ウェルビーイングの充実を図っていく必要性があることを示唆している。

ウェルビーイングの主観的アプローチは、個人がライフへの評価を自身で良しと感じるように行うことを強調するだけのものである。それをどのように活かしていくかは、冒頭で述べたように、ウェルビーイングという概念を通して何を、どのように論じたいかによる。筆者は、まず自身のライフの評価として、主観的アプローチによる個別的ウェルビーイングを測定する。次いで、同様に測定された一般的ウェルビーイングと個別的ウェルビーイングとの関係を見て、どの特定次元の個別的ウェルビーイングが一般的ウェルビーイングを高めているかを検討する。総じて、一般的水準から個別的水準に渡っての総合的なウェルビーイングの状態を検討していくのである。

前記では、個別的ウェルビーイングそれ自体と一般的ウェルビーイングとの関連で見る個別的ウェルビーイングという二つの観点から見ていくことが可能であることを説いた。確かにそれはそうなのであるが、ウェルビーイングは本来、一般的あるいは抽象度の高い水準で、主観的に良しと評価する自身のライフを問題とする概念である。個別的水準に落として実践的に検討するからといって、それでウェルビーイングが本来的に持っている一般的・抽象的水準との関係を失うようでは、ウェルビーイングという用語を用いる必然性は弱くなる。

例えば、図表2で示した個別的水準における「健康」の問題は、それが一般的・抽象的水準における幸せや満足等と繋げて考える限りにおいて、ウェルビーイングとしての健康となる。この接続がなければ、それはただの健康問題に過ぎない。私たちは日常的に「人間関係」や「仕事」の問題について多く議論している。しかし、ウェルビーイングの問題を議論していると考えている人は少ない。それは、それらの問題を、一般的・抽象的水準における幸せや満足等と繋げて考えていないからである。

後の**5**で述べる社会的ウェルビーイングについても同様である。社会が取り組むべき課題を社会的ウェルビーイングと見なすためには、社会の課題を個人が主観的に良しと評価する時の一般的・抽象的水準における幸せや満足等と繋げて考えられなければならない。その接続が十分になければ、それはただの社会課題への取り組みに過ぎない。ＳＤＧｓの目標の中に「貧困」や「飢餓」、「健康」「安全な水やトイレ」「平和」「エネルギー」というものがある。地球規模での社会的課題・目標は重要であるが、それがある個人の一般的・抽象的水準において我が幸せに繋がるものと見なされるかどうかはまた別の話である。

いずれにしても、ここでの重要なポイントは、ウェルビーイングを拡張的に扱う近年の議論の中に以上のような問題が多く散見されるようになってきていることである。概念を実践的に検討できるようにしてきた代わりに、概念の構造を理解するのはより難しくなってきているといえる。筆者は、ウェルビーイング論を本質的に一般的ウェルビーイングを起点として、個別的ウェルビーイングを経由しながら、最後、終点として一般的ウェルビーイングに立ち戻ってくる論であると主張する。

次節では、以上述べたことをもっと具体的にイメージしてもらうために、先に紹介した、筆者が参加しているＩＦＬＡＴｓという小田急電鉄株式会社主宰の倉吉市の事業[80]で収集したデータを用いて説明する。

3. IFLATsのウェルビーイングデータから

データ概要、ここで分析に用いる質問項目は次の通りである。

（データ概要）

- **実施組織**：小田急電鉄株式会社主宰ＩＦＬＡＴｓ
- **調査方法**：全国調査モニターにウェブアンケート調査を実施。対象は日本在住の二〇代〜七〇代の男女。年代・男女の各一〇〇〇名ずつの均等割り付け。総数一二〇〇〇サンプル。
- **調査期間**：二〇二二年七月に実施

	男性	女性	計
20代	1,000	1,000	2,000
30代	1,000	1,000	2,000
40代	1,000	1,000	2,000
50代	1,000	1,000	2,000
60代	1,000	1,000	2,000
70代	1,000	1,000	2,000
計	6,000	6,000	12,000

（調査項目）

①あなたは、次の事柄にどの程度満足していますか？（それぞれ当てはまるものを一つ選択）

	7	6	5	4	3	2	1
・今の自分	○	○	○	○	○	○	○

(7) 非常に満足している	(6) かなり満足している
(5) やや満足している	(4) どちらともいえない
(3) あまり満足していない	(2) ほとんど満足していない
(1) 全く満足していない	

② OECDのウェルビーイング項目[81]

あなたは、次の事柄にどの程度満足していますか？（それぞれ当てはまるものを一つ選択）

	7	6	5	4	3	2	1	該当しない
1. 生活水準	○	○	○	○	○	○	○	−
2. 健康	○	○	○	○	○	○	○	−
3. 人生で目指すことの達成	○	○	○	○	○	○	○	−
4. 人間関係	○	○	○	○	○	○	○	−
5. 自身の安全	○	○	○	○	○	○	○	−
6. コミュニティの一員として	○	○	○	○	○	○	○	−
7. 将来の安心について	○	○	○	○	○	○	○	−
8. 好きなことに取り組む時間	○	○	○	○	○	○	○	−
9. 地域の環境の質	○	○	○	○	○	○	○	−
*10. 仕事	○	○	○	○	○	○	○	○

＊項目10のみ「該当しない」場合はその欄にチェックするように教示した。

図表2のトップ水準としての自身のライフへの評価(一般的水準)が、ここでは①「今の自分」への満足度として尋ねられている(=一般的ウェルビーイング)。仕事や家庭、趣味といった特定次元に対する「今の自分」を尋ねてはおらず、ただ「今の自分」への満足を一般的に尋ねているのが特徴である。そして、②の質問項目は、同じ図表2で下位水準として示すところのOECDのウェルビーイング項目である(=個別的ウェルビーイング)。調査では、それへの満足度が①と同様に尋ねられており、この尋ね方はOECD調査とほぼ同じである。

図表5は、一般的ウェルビーイングとOECDの個別的ウェルビーイングとの相関分析の結果を示したものである(相関係数の高い順に並び替えている)。係数が高い項目ほど、一般的ウェルビーイングと個別的ウェルビーイングとの関連が高いことを意味している。これは**2**で説いた、個別的ウェルビーイングを一般的ウェルビーイングとの関連で見ていく作業であり、係数が高ければ、多くの人びとの一般的ウェルビーイングにとって関連する重要な個別的ウェルビーイングである可能性を示唆している。

図表5からわかることは、一つに、一般的ウェルビーイングと個別的ウェルビーイングの相関係数はどれも高いが、よく見ると、項目による値の高低があることである。とくに人生への満足項目である「3．人生で目指すことの達成」(r=.74)、「7．将来の安心について」(r=.70)との相関係数は他の項目に比べて高い。**第1章5**で論じた幸福についての古典的な議論を踏まえると、日々の快楽

図表５　「今の自分」（一般的水準）と下位水準（OECD 項目）との相関分析の結果

No	ライフの側面	生活人生	項目	「今の自分」への満足との相関	「今の自分」への満足との相関(変換データ)
3	個人	人生	人生で目指すことの達成	.74	.67
1	個人	生活	生活水準	.71	.62
7	個人	人生	将来の安心について	.70	.62
4	個人	生活	人間関係	.65	.58
10	個人	生活	仕事	.64	.51
6	社会		コミュニティの一員として	.60	.54
5	個人	生活	自身の安全	.58	.52
2	個人	生活	健康	.57	.50
8	個人	生活	好きなことに取り組む時間	.57	.50
9	社会		地域の環境の質	.52	.46

＊中央の欄は、相関係数が大きい順に並び替えをしている。
＊変換データの相関分析はデータ値を７件法から３件法へと変換（7, 6, 5 → 3、4 → 2、3, 2, 1 → 1）して分析を行った結果である。

よりも人生への満足に焦点を当ててこそウェルビーイングであるという見方が実証的に示されている。他方で、快楽に相当する日々の生活項目（「1．生活水準」を始めとするNo.1, 4, 10, 5, 2, 8）も「今の自分」との相関係数は決して低くはないことがわかる。一般的ウェルビーイングにどのような次元の個別的ウェルビーイングがより関連しているかといえば、生活よりも人生であるとなるが、それでも多くの人びとにとって人生と日々の生活はそんなに簡単に切り離せない次元であることも示唆している。

二つ目に、自身のライフの社

会的側面への評価（社会的ライフへの評価、**第1章3**を参照）、言い換えれば個別的ウェルビーイングの社会的次元としての「6．コミュニティの一員として」（r=.60）、「9．地域の環境の質」（r=.52）は、自身の個人的ライフへの評価、言い換えて個別的ウェルビーイングの個人的次元の項目に比べて係数がやや低く、一般的ウェルビーイングと低い関連性を示している。少なくともこのデータからは、人生への満足項目のように、上位に位置する高い関連性を示していない。

自身のライフの社会的側面は、人が社会の中で生きていくために欠かせない重要な側面である。しかし、そうはいっても、人がまず自身の一般的なウェルビーイングを感じる時には、自身のライフの社会的側面よりも個人的側面の方が先立つことを、前記の結果は示唆している。

分析結果をもう少し示していこう。

倉吉市でのＩＦＬＡＴｓの事業は、人びとの暮らしや働き方などの日々の活動を改善・発展させることを実践的目標としている。従って、ウェルビーイングの下位水準の項目も、抽象的水準の高いＯＥＣＤ項目からさらに個別的水準へと下げる形でアセスメントするようにしている。**図表6**は、ＩＦＬＡＴｓで用いているウェルビーイングの説明図である。調査項目と完全に対応しているものではないが、中核に「自己」（今の自分、一般的水準）を置き、その周りの第一円にＯＥＣＤ項目である「生活水準」「仕事」～「学び」を並べている（個別的水準、下位水準1）。そして、その外側の円に、調査

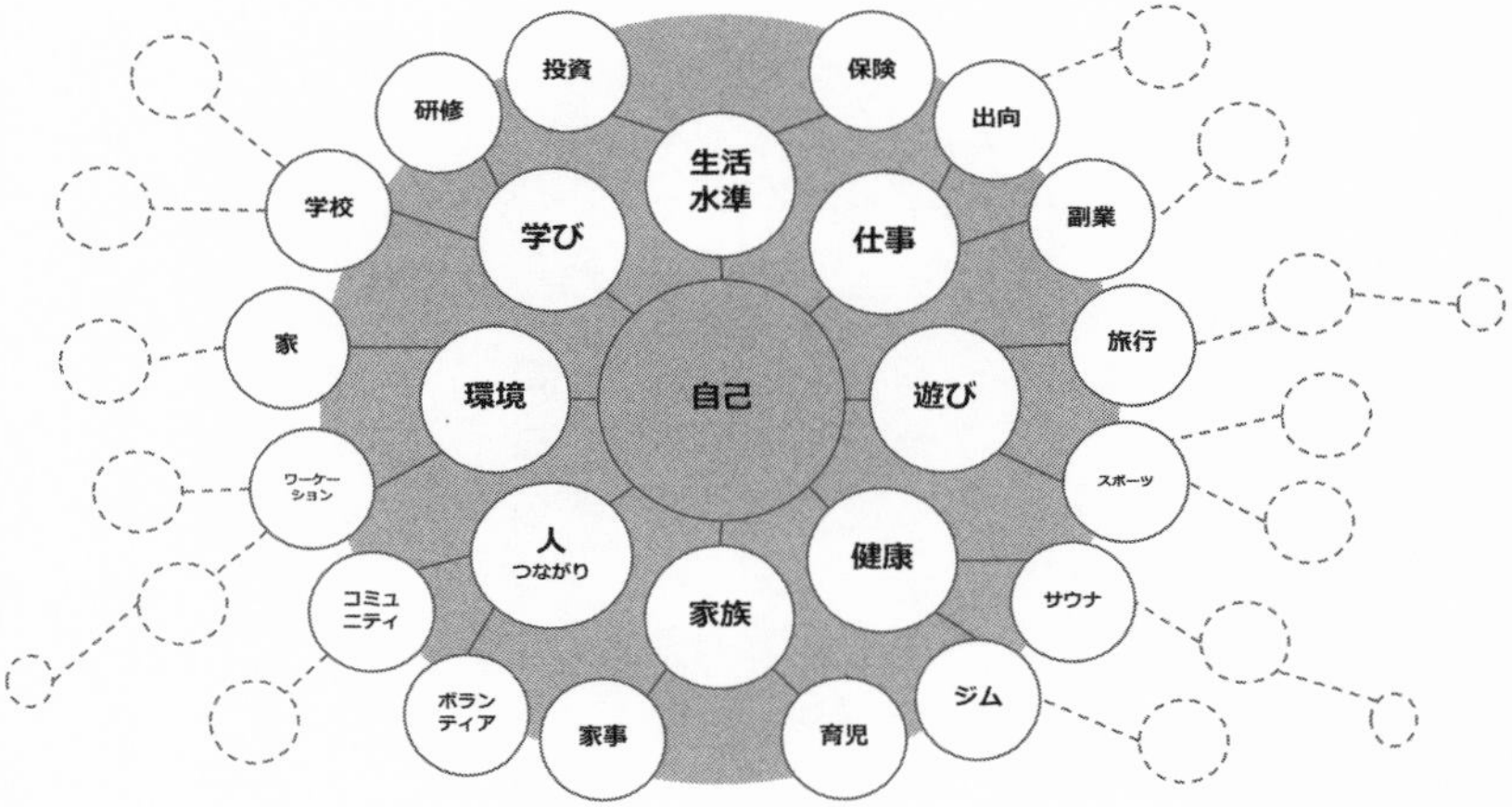

図表6　倉吉市でのIFLATsの事業におけるウェルビーイングの下位次元の拡張

項目では第二円・外円としている「家」「学校」「研修」「投資」〜「家事」「ボランティア」「ワーケーション」（個別的水準、下位水準2〜3）を並べている。外側に行くほど、個別的水準が高まると考えられている。

図表7、8は、図表5と同様に、「今の自分」（一般的ウェルビーイング）と第二円・外円（個別的ウェルビーイング）との相関係数を示したものである。図表8（外円）を見て、ここまで個別的な（活動）項目を回答者に尋ねるとなると、人によって「該当しない」項目が増えてくるのは至極当然のことである。「該当しない」項目の割合を見ると、40%を超える（活動）項目が「社会貢献、ボランティア活動」（43・3%）〜「副業」（58・0%）まであることがわかる。多くの人びとにとってこれらの（活動）項目は、そもそも自身の日々の生

(調査項目)

③ウェルビーイング第二円
あなたは、次の事柄にどの程度満足していますか？（それぞれ当てはまるものを一つ選択）

	3	2	1	該当しない
1. 住まい（家）	○	○	○	—
2. 食生活	○	○	○	—
3. デジタル環境	○	○	○	—
4. 身なり、服装	○	○	○	—
5. 所得、収入	○	○	○	—
6. 身体的な健康	○	○	○	—
7. 精神的な健康	○	○	○	—
8. 家族との関係	○	○	○	—
9. 友人との関係	○	○	○	—
10. 職場の人間関係	○	○	○	○
11. 地域の人間関係	○	○	○	—
12. 社会保障（年金、雇用、健康保険）	○	○	○	—
13. 余暇	○	○	○	—
14. 学習環境	○	○	○	—
15. 時間の使い方	○	○	○	—
16. 仕事と生活のバランス	○	○	○	○
17. 子育て	○	○	○	○
18. 家事	○	○	○	○

⑶満足している　⑵どちらともいえない　⑴満足していない
(99) 該当しない

④ウェルビーイング外円

あなたは、次の事柄にどの程度満足していますか？（それぞれ当てはまるものを一つ選択）

	3	2	1	該当しない
1. スポーツ	○	○	○	○
2. 音楽	○	○	○	○
3. 美術、芸術	○	○	○	○
4. 旅行	○	○	○	○
5. 読書	○	○	○	○
6. ペット	○	○	○	○
7. 園芸	○	○	○	○
8. 美容、理容	○	○	○	○
9. SNS(ソーシャルネットワーク)	○	○	○	○
10. オンラインショッピング	○	○	○	○
11. 店頭でのショッピング	○	○	○	○
12. 働き方	○	○	○	○
13. 仕事のデジタル化	○	○	○	○
14. 学習のデジタル化	○	○	○	○
15. 副業	○	○	○	○
16. 保険	○	○	○	○
17. 資産形成	○	○	○	○
18. ワーケーション	○	○	○	○
19. 社会貢献、ボランティア活動	○	○	○	○

⑶満足している　⑵どちらともいえない　⑴満足していない
(99) 該当しない

図表７　「今の自分」（一般的水準）と第二円項目（下位水準）との相関分析の結果

No	第２円	「今の自分」への満足との相関	該当しない(%)
1	住まい（家）	.42	―
2	食生活	.45	―
3	デジタル環境	.35	―
4	身なり、服装	.44	―
5	所得、収入	.51	―
6	身体的な健康	.43	―
7	精神的な健康	.57	―
8	家族との関係	.45	―
9	友人との関係	.44	―
10	職場の人間関係	.42	27.3
11	地域の人間関係	.38	―
12	社会保障（年金、雇用、健康保険）	.42	―
13	余暇	.44	―
14	学習環境	.41	―
15	時間の使い方	.49	―
16	仕事と生活のバランス	.48	22.7
17	子育て	.43	50.6
18	家事	.43	10.8

図表８　「今の自分」（一般的水準）と外円項目（下位水準）との相関分析の結果

No	外円項目	「今の自分」への満足との相関	該当しない（%）
11	店頭でのショッピング	.30	5.3
10	オンラインショッピング	.24	11.0
4	旅行	.33	13.9
8	美容、理容	.35	18.7
2	音楽	.25	19.2
5	読書	.29	20.0
16	保険	.34	20.0
17	資産形成	.43	20.7
9	SNS（ソーシャルネットワーク）	24	24.7
12	働き方	.45	28.0
3	美術、芸術	.31	31.8
1	スポーツ	.32	33.4
13	仕事のデジタル化	.34	39.5
19	社会貢献、ボランティア活動	.32	43.3
14	学習のデジタル化	.35	44.3
7	園芸	.32	44.5
6	ペット	.21	53.5
18	ワーケーション	.37	54.0
15	副業	.33	58.0

*「該当しない％」の欄は、割合が低い順に並び替えをしている。

活に存在しないことを示している。個別的水準が高い（活動）項目を扱うというのはこういうことであり、逆に、第一円のＯＥＣＤのウェルビーイング項目は、多くの人びとにとって該当するウェルビーイングの（活動）項目を抽象度を上げて尋ねる形式を取っていたともいえる。

次に、相関係数を見ると、係数は概して図表5のそれより低く、第二円でr=.35～.57（図表7）、外円でr＝.21～.45（図表8）と示されている。多くは、第二円でr＝.4、外円でr＝.3あたりで収まっている。相関係数だけで見るなら、第一円から第二円、外円へと拡がるにつれて相関係数の値が低くなっている。このことは、外へ拡がるにつれて個別的水準の程度がより高まっていることを示唆している[82]。

今後さらなるデータを収集して検証を積み重ねていかねばならないが、ここでは、分析の仕方や数値から見える一般的ウェルビーイングと個別的ウェルビーイングとの関係性についてイメージを作ることができればそれでいい。4での理論的説明に繋げる形で、ポイントを以下三点にまとめる。これらをウェルビーイングの多元的階層モデルへ主観的にアプローチする視座の特徴としておきたい。

①一般的ウェルビーイングも個別的ウェルビーイングも、同じ個人の異なる種類（水準・次元）のウェルビーイングであることを第一の視座とする。人びとのウェルビーイングを見ていくときには、いずれも同じくらい重要な情報である。
②相関係数の高い（活動）項目を見ることで、一般的ウェルビーイングと関連性が高い可能性のある個別的ウェルビーイングを抽出することができる。両者の関係性を見ていくことが、ウェルビーイング研究の実践的視座となる。
③個別的水準の程度が高まり、ある人びとにのみ該当する（活動）項目になると、一般的ウェルビーイングとの相関（関連）は低くなる。ある集団や組織の発展を目指すためのウェルビーイング研究では、個別的水準が高くなりすぎない範囲で検討していくことが実践的視座となる。

4. 理論的説明——一般的自己と個別的自己との関連性を実証的に検討する自己研究を援用して

それでは、３の最後に示した視座のとくに①②について理論的に説明をしていこう。説明は、心理学における自己概念や自尊感情等の自己研究からのものである。そのままウェルビーイング論に当てはめることはできないものの、類似した原理的問題を扱っており参考になると考えられる。

心理学の自己研究では、一九四〇〜七〇年代にかけて自己概念や自尊感情等に関する膨大な数の論文が刊行され、多くの議論がなされた[83]。この中で議論されたもののうち、視座①②を原理的に理解する助けとなるものが大きく二つある。

第一に、一般的水準における自己（以下「一般的自己」と呼ぶ）と抽象的―個別的水準における自己（先と同様に便宜的に、以下「個別的自己」と呼ぶ）が同じ個人における異なる種類（次元）の自己であるという見方である。視座①を説明する原理的な見方となるものである。

心理学の自己研究は、ジェームズの一八九〇年の著『*The Principles of Psychology*（心理学原理）[84]』で述べられた、「自己（self）」を認識論的な *I-Me* 図式で捉える視座を基礎とすることが多い。簡単にいえば、ジェームズは、自己を「知る自己（*self as knower* あるいは *I*）」と「知られる自己（*self as known* あるいは *Me[s]*）」の *I-Me* 図式で捉え、前者を「主体としての自己」、後者を「客体としての自己」と単純に整理した。その上で、客体としての自己（*Mes*）を大きく三つの次元「物質的」「社会的」「精神的」（自己 *Me*）に分類した。物質的自己の中核は身体であるが、我がものと広く感じられるもの（例えば衣服、家族、財産など）も物質的自己として考えられている。社会的自己は、他者や社会との相互作用を通して形成される自己のことで、他者からの賞賛、社会的地位、名誉・不名誉などを指す。ジェームズは、人は心に抱く個人の数だけ社会的自己を持つと述べる。最後に精神的自己は、自身の意識状態、能力、性格的な傾向などを指す。

ジェームズの自己の構成要素(「物質的」「社会的」「精神的」)は理念的なものであったが、その後、統計的技法やコンピュータ計算の発達もあり、因子分析などを通して実証的に検討が進んだ。そして、様々な自己の次元がカテゴリーで提示された。例えば、ピアスとハリス[85]は、自己の次元に「一般的地位と学業的地位」「行動」「不安」「人望」「幸せと満足」「外見と特徴」の六種類のカテゴリーがあることを提示し、フィッツ[86]は「全体的」「アイデンティティ」「自己満足」「行動」「身体的」「道徳」「人格的」「家族」「社会的」の九種類があることを提示した。ハーター[87]は、「認知的」「社会的」「身体的」「一般的」の四種類のカテゴリーを提示した。他にも多くの種類のカテゴリー(次元)が提示されており、挙げていけばきりがないほどであるが、このような研究が次々と刊行される中、図表1で示したシェイベルソンら[88]が、いくつかの次元を、(個別的・抽象的・一般的)水準によって整理して、多元的階層モデルとして示すに至ったとここでは説明しておく[89]。

これらの研究成果から一ついえることは、フィッツの「全体的」(次元)とハーターの「一般的」(次元)が、本節で「一般的自己」と呼ぶものに相当し、他方で、それ以外の次元(「一般的地位と学業的地位」や「身体的」「人格的」「社会的」など)は「個別的自己」と呼ぶものに相当するということである。そして、ハーターの研究で典型的に示されるように、一般的自己（「一般的」）と個別的自己（「認知的」「社会的」「身体的」）は異なる次元（種類）のカテゴリーだということである。

第二に、それでもやはり、一般的自己の下位水準として個別的自己が位置すると考えられることであり、視座②を説明する原理的な見方となるものである。この見方は、一般的水準の自尊感情を測定するために、項目内の特定次元をどのように扱うかという検討から導かれるものである。具体的に尺度項目を見ていくと、この問題の指すところはすぐにわかる。

例えば、初期によく用いられた自尊感情尺度の一つに、ジャニスとフィールドの尺度[90]がある。尺度項目を見ると、「9．あなたは、自分が他の人々とうまくやっていけるかについてどの程度心配していますか？」（対人次元）、「10．あなたは、自分の仕事ぶりが批判されることをどの程度心配していますか？」（仕事や学業次元）など、項目の半分以上は対人場面や仕事・学業など、自己の特定次元が設定されている。また、クーパースミスの自尊感情尺度[91]を見ると、「1．私は空想にふけることが多い」（生活次元）、「13．私はいつも正しいことをする」（行動次元）、「11．私は誰かといっしょにいるのが楽しい」（友人次元）、「15．いつも誰かに何かを言われる」（対人次元）、「14．私は勉強に自信をもっている」（学業次元）、「5．私は両親と楽しくやっている」（家族次元）、「8．私はもっと若ければよかったと思う」（年齢次元）など、ジャニスらの尺度以上に生活や行動、友人、対人場面といった自己の特定次元が設定されている。

一般的水準における自尊感情を測定するために特定次元が設定されるのは、その自尊感情を左右する重要な次元が自己の中に存在すると考えられているからである。クーパースミスは次のように述べる。

自尊感情は、いくつかの異なる経験領域にまたがって、そして性別や年齢、役割定義の状態に従って変化するだろう。このように、個人が自身を学生としてはとても価値ある存在だと見なしたり、テニス選手としては適度に価値ある存在だと見なしたり、しかし音楽家としては全く駄目な存在だと見なしたりすることは考えられることである。思うに、個人の能力に対する全体的評価は、これらの領域を個人の主観的重要性にしたがって重みづけた結果なのであり、その結果が一般的水準における自尊感情を喚起させているのである。このことはあり得ることでありながら、いまだ一般的評価に至るほどの方法による客観的な証拠はほとんどない状態である。我々はこのようなことから、主観的な自尊感情を測定する我々のテストの中に、いくつかの異なる活動領域からなる質問を込めようとしたのである[92]。

しかし、ハーター[93]が主張するように、個人にとって重要な次元とは個人固有のものである。たとえ多くの人にとって対人関係や学業の次元での評価が重要であるとしても、その次元の評価がすべての人の一般的水準における自尊感情を左右するとは限らない。この点は、古くジェームズ[94]が、自尊感情が「成功／願望」の公式によって成り立っていると述べたことに遡るものである。ハーター[95]が述べるように、この公式は個人にとっての重要な次元における成功・失敗こそがその個人の自尊感情を上げたり下げたりすることを説くものなのであって、重要ではない次元でたとえ評価が低かろうと、その個人の一般的自己における自尊感情を下げることにはならないのである。

これらの議論を、先の視座②に関する議論に繋げて二点にまとめよう。一点目は、一般的自己の下位水準に個別的自己は位置すると考えられることである。ハーターの研究で典型的に示されるように、一般的自己と個別的自己を同時に扱うと、両者の上下の階層的関係は認められないのだが、ここで示したように、一般的自己（自尊感情尺度）から考えていくと、必然的に個別的自己（尺度項目）は下位水準とならざるを得ない。すなわち、上下の階層的関係が認められるということである。一般的自己は、個別的自己を重みを付けて帰納法的に抽象化・概念化した産物だともいえ、そのように考えられるならば、一般的自己は個別的自己の上位概念としての位置を形式推論的に有するのである。であるからこそ、二点目として、様々にある個別的自己の中でも、個人にとって重要な次元の自己が存在するという見方が可能となってくる。「個人にとって」は「一般的自己にとって」と置き換えられる。こうして、一般的自己の下位水準に、個人にとって重要な個別的自己がある、視座②に関する知見が得られる。

これら二点を理論的前提とできるならば、後は実践的な方法の問題を解決するだけである。それは視座②に関する残りの点、すなわち、個人にとって重要な個別的ウェルビーイング（自己）をどのように抽出するかを考えるだけである。自己研究では、個人にとっての重要性を回答者に直接尋ねる方法、内在的視点や「なぜ」の問いかけを用いて自由表出の方法を用いることなど、様々な方法が提案されてきた。3で紹介したIFLATs調査では、一般的ウェルビーイングと相関（関連）の高い個別的ウェルビーイングを重要なウェルビーイング（次元）と見なす方法を採用している。

5. 主観的な社会的ウェルビーイングという考え方
――OECDラーニング・コンパス二〇三〇プロジェクトを踏まえて

3で示したOECDのウェルビーイング項目の中には、「6. コミュニティの一員として」「9. 地域の環境の質」への満足という、本書で自身の社会的ライフへの評価として扱っている項目がある。近年、このような「社会的ウェルビーイング」とでも呼ぶべきウェルビーイングが数多く提起されている。地域や社会を対象とするのみならず、学校や企業・職場、医療や科学まで対象を拡げて、この概念をより広範囲に検討するようになっている。

学校教育に関連するもので日本に大きな影響を及ぼしている「ＯＥＣＤラーニング・コンパス（学びの羅針盤）二〇三〇」プロジェクトを紹介しよう。ＯＥＣＤが課題として設定するのは、予測困難な問題解決型社会の中で、ラーニング・コンパスを用いて前に向かって進んでいく学習者の育成である。ペーパー[96]では、ラーニング・コンパスは、未知なる環境の中で自力で歩みを進め、意味のある責任意識を伴う方法で、進むべき方向を見出す基盤と説明されており、その中核の要素にエージェンシーや変革を起こすコンピテンシーが挙げられている。そして、このようなラーニング・コンパスを用いて学習者はウェルビーイングへの道筋を見出すのだと説かれる。ここで、本書が問題にするウェルビーイングに接続する。要は、自身のウェルビーイングを感じられるように、エージェンシーや変革を起こすコンピテンシーを駆使して、予測困難な問題解決型社会を力強く生きていこうと説くのが、ＯＥＣＤラーニング・コンパス二〇三〇プロジェクトである。

それでは、ここでいう「ウェルビーイング」とはどういうものと説明されているのだろうか。ペーパーでは、**図表9**を踏まえて次のように説明している。

ＯＥＣＤ Future of Education and Skills 2030 プロジェクトでは「ウェルビーイング」をどのように捉えているのでしょうか？経済的な豊かさは個人または社会のウェルビーイングの一部でしかないことが広く認識されるようになりました。（中略）ＯＥＣＤのより良い暮らし指標（Better

Life Index）は個人のウェルビーイングに十一の要因が関与していることを指摘しています。これには仕事、収入、住宅のような経済的要因に加え、ワーク・ライフ・バランスや教育、安全、生活の満足度、健康、市民活動、環境やコミュニティのような生活の質（Quality of Life）に影響を与える要因が含まれます[97]。

ペーパーでは、ウェルビーイングについて定義されておらず、ここで引用した文章以上の説明はなされていない。要は、「生活の質」や「物質的な生活条件」を満たすことと見ているのであろう。もっとも、**第1章2**で紹介したように、ＯＥＣＤは、二〇一三年に主観的ウェルビーイングの測定というガイドラインのペーパーを出していて、そこでは、ウェルビーイングが「良い精神状態のこと。それには、肯定的なものであろう

個人のウェルビーイング	
生活の質	物質的な生活条件
・健康状態	・所得と資産
・ワーク・ライフ・バランス	・仕事と報酬
・教育と技能	・住居
・社会とのつながり	
・市民社会とガバナンス	
・環境の質	
・生活の安全	
・主観的幸福	

図表9　OECD のウェルビーイングの枠組み[98]

と否定的なものであろうと、人びとがライフを通して行うあらゆる種類の評価と経験に対する感情的な反応を含む[99]」と定義されている。他にも、測定方法や考え方について理論的・実証的に細かく検討されているので、この点は補足しておく。そして、現代社会において満たすべき生活の質に、「社会とのつながり」「市民社会とガバナンス」「環境の質」といった社会的ウェルビーイング[100]の観点を含めていることは、OECDウェルビーイング論の大きな特徴となっている。こうして本節の冒頭の話に戻る。

それでは、いったいどのような理屈で、例えば「コミュニティの一員として」「地域の環境の質」などへの社会的な関わりがウェルビーイングの一つとなるのだろうか。

OECDラーニング・コンパス二〇三〇プロジェクトを詳しく説明している白井[101]によれば、例えば現在急速な勢いで生物多様性が減少しているが、そうした変化は将来私たちの生活に直接的な影響を及ぼす可能性がある。気候変動問題は、異常気象や自然災害として私たちの生活にすでに深刻な影響を及ぼしている。もし私たちが将来どのような社会(生態系、環境、地域社会、地球規模での社会)で生きていきたいかを真剣に考え、その実現(満足)に向けて社会的に実践することが我が幸せに返ってくると考えられるならば、それは個人のウェルビーイングの指標となり得るであろう。このように考えて、地域の環境の質への満足がウェルビーイングの一つとなるのである。

社会的ウェルビーイングは、政治や経済、社会等活動の目標としても掲げられている。今日よく知られる代表例は、二〇一五年に国際連合で採択されたＳＤＧｓ（持続可能な開発目標）の「貧困」「飢餓」「エネルギー」などの十七の目標（テーマ「貧困」「飢餓」「保健」「教育」「ジェンダー」「水・衛生」「エネルギー」「経済成長と雇用」「インフラ、産業化、イノベーション」「不平等」「持続可能な都市」「持続可能な生産と消費」「気候変動」「海洋資源」「陸上資源」「平和」「実施手段」[102]）であろう。それらは、国際機関や国の政府、企業等経済団体にとっては取り組むべき社会の課題であり、人びとのＱＯＬや福祉に繋がるものである。そして、先の例と同様に考えて、その課題に関わる人びとにとって我が幸せに繋がるものと考えられるならば、それは社会的ウェルビーイングと見なされる。**図表10**は、ＯＥＣＤラーニング・コンパス二〇三〇のペーパーで示されるウェルビーイングの指標とＳＤＧｓの目標とを重ね合わせた図表である。両施策が車の両輪として進んでいることが見て取れる。

6. まとめ

本章では、今日のウェルビーイング論の大きな特徴となる主観的アプローチについて論じた。今日のウェルビーイング論は、第三者的に良きライフの姿が論じられるものではなく、どこまでいっても、個人が自身のライフを主観的に構築することに焦点化する論である。ただし、ウェルビーイ

ウェルビーイング（OECD）	SDGs（国連）
1. 仕事	8. 働きがいも経済成長も 9. 産業と技術革新の基盤を作ろう
2. 所得	1. 貧困をなくそう 2. 飢餓をゼロに 10. 人や国の不平等をなくそう
3. 住居	1. 貧困をなくそう 3. すべての人に健康と福祉を
4. ワーク・ライフ・バランス	3. すべての人に健康と福祉を 5. ジェンダー平等を実現しよう 8. 働きがいも経済成長も
5. 生活の安全	16. 平和と公正をすべての人に
6. 主観的幸福	すべての目標に関連している
7. 健康状態	3. すべての人に健康と福祉を
8. 市民参加	5. ジェンダー平等を実現しよう
9. 環境の質	6. 安全な水とトイレを世界中に 7. エネルギーをみんなに そしてクリーンに 12. つくる責任 使う責任 13. 気候変動に具体的な対策を 14. 海の豊かさを守ろう 15. 陸の豊かさも守ろう
10. 教育	3. すべての人に健康と福祉を 4. 質の高い教育をみんなに 5. ジェンダー平等を実現しよう
11. コミュニティ	11. 住み続けられるまちづくりを 17. パートナーシップで目標を達成しよう

図表 10　OECD のウェルビーイング指標と国連 SDGs の関連[103]

ング論は個別的水準における自身にとって重要な次元の活動を評価するものであるから、個別的水準と一般的水準のそれぞれのライフを往還する水準移動について理論的説明、さらには小田急電鉄主宰ＩＦＬＡＴｓの倉吉市での事業を実践的な事例として紹介した。最後に、ＯＥＣＤウェルビーイング論の最大の特徴となる、地域や社会、地球規模での課題へコミットメントなどの社会的ライフへの評価が、古代ギリシャ以来の思想史的な幸福・エウダイモニア論に通じる、しかしそれとは異なる現代的視点を提供するものと論じた。

注

65　Diener ら (1999) を参照
66　ＯＥＣＤ (2013) を参照
67　Kraut (1979) を参照
68　Waterman (2013) を参照
69　Diener (1984) を参照。もっとも同じ心理学者のウォーターマンは、「規範的」幸福を実証的にアプローチしていくことは可能であり、実際にそのような研究は少なからず見られるとし、その意味では、「規範的」という観点自体が批判される必要はないと論じている (Waterman, 2013, pp.7-8)。
70　Wilson (1967) を参照。Wilson, W. R. (1967). Correlates of avowed happiness. *Psychological Bulletin, 67(4)*, 294-306.
71　例えば Diener (1984)、Diener et al. (1999) を参照

72 Wilson (1967)、p.294

73 Ibid.

74 Peeters (1971) は、否定性次元は肯定性次元よりも複雑な認知構造を有していることを論じている。つまり、肯定性はそのまま「肯定性」と呼べる場合が多くあるが、否定性はそのまま「否定性」となる場合もあれば、「肯定性の欠けた状態」「肯定性の対極」となる場合もある。ほかにも Diener (1984)、Deci & Ryan (2008) を参照。Peeters, G. (1971). The positive-negative asymmetry: On cognitive consistency and positivity bias. *European Journal of Social Psychology, 1(4)*, 455-474、Deci, E. L., & Ryan, R. M. (2008). Hedonia, eudaimonia, and well-being: An introduction. *Journal of Happiness Studies, 9*, 1-11.

75 Bradburn (1969)、Cacioppo & Berntson (1999) を参照。Cacioppo, J. T., & Berntson, G. G. (1999). The affect system: Architecture and operating characteristics. *Current Directions in Psychological Science, 8(5)*, 133-137.

76 Diener (2000) も参照。Diener, E. (2000). Subjective well-being: The science of happiness and a proposal for a national index. *American Psychologist, 55(1)*, 34-43.

77 Seligman (2011) を参照

78 Ryff (1989) を参照

79 Diener (1984)、p.64

80 ＩＦＬＡＴｓ（アイフラッツ：Institute of Fabrication for Life, Arts and Technologies）は、小田急電鉄株式会社が主宰。暮らし方、働き方、学び方に関するリサーチをし、ソリューションを提案・運営するイノベーションラボである。筆者はアドバイザーとして活動に参加している。https://iflats.org/（二〇二三年一一月一二日アクセス）

81 ＯＥＣＤ (2013)、Box B.5 (p.262) より筆者が翻訳

82　第二円、外円の（活動）項目は3件法（「⑶ 満足している」～「⑴ 満足していない」）で尋ねていて、第一円のOECD項目は七件法（「⑺ 非常に満足している」～「⑴ 全く満足していない」）で尋ねている。評定段階が異なる得点での比較検討では適切ではないという批判もあるだろうから、図表5には第一円の七件法を三件法に変換して算出し直した相関係数を表の端に示している。若干数値は変わるが、それでもrs=.46～.67を示しており、前記の考察を修正するものではないことを補足しておく。

83　この研究分野のレビューではWylie (1961, 1979) が有名である。日本では梶田 (1988) を参照。Wylie, R. C. (1961). *The self concept: A critical survey of pertinent research literature*. Lincoln: University of Nebraska Press、Wylie, R. C. (1979). *The self-concept. Vol.2: Theory and research on selected topics. revised edition*. Lincoln: University of Nebraska Press、梶田叡一 (1988). 自己意識の心理学 第2版　東京大学出版会

84　James (1890) を参照

85　Piers, E. V., & Harris, D. B. (1964). Age and other correlates of self-concept in children. *Journal of Educational Psychology, 55(2)*, 91-95.

86　Fitts, W. H. (1981). Issues regarding self-concept change. In M. D. Lynch, A. A. Norem-Hebeisen, & K. J. Gergen (Eds.), *Self concept: Advances in theory and research*. Cambridge, Massachusetts: Ballinger. pp.261-272

87　Harter, S. (1982). The perceived competence scale for children. *Child Development, 53(1)*, 87-97.

88　Shavelson et al. (1976) を参照

89　自己概念の多元的階層モデルの実証的検討は、その後Hoge & McCarthy (1984)、Marsh (1986, 1993)、Pelham & Swann (1989)、Rosenberg & Gara (1985) 等によって精力的に取り組まれたことがよく知られている。Hoge, D. R., & McCarthy, J, D. (1984). Influence of individual and group identity salience in the global self-esteem of youth. *Journal of Personality and Social Psychology, 47(2)*, 403-414、Marsh, H. W. (1986). Global self-esteem: Its relation to specific facets of self-concept and their importance. *Journal of Personality and Social Psychology, 51(6)*, 1224-1236′ Marsh, H. W.（1993）. Academic self-concept: Theory, measurement, and research. In J. M. Suls（Ed.）, *The self in social perspective.* Hillsdale: Lawrence Erlbaum Associates. pp.59-98′ Pelham, B. W., & Swann, W. B.（1989）. From self-conceptions to self-worth: On the sources and structure of global self-esteem. *Journal of Personality and Social Psychology, 57(4)*, 672-680′ Rosenberg, S., & Gara, M. A.（1985）. The multiplicity of personal identity. In P. Shaver（Ed.）, *Self, situations, and social behavior.* Beverly Hills: Sage. pp.87-113

90 Janis & Field（1959）の尺度（Feeling of social inadequacy）° Janis, I. L., & Field, P. B.（1959）. Sex differences and personality factors related to persuasibility. In C. I. Hovland, & I. L. Janis（Eds.）, *Personality and persuasibility.* New Haven: Yale University Press. pp.55-68

91 Coopersmith（1967）の尺度（Self-esteem inventory）° Coopersmith, S.（1967）. *The antecedents of self-esteem.* San Francisco: W. H. Freeman.

92 Ibid., p.6 を筆者が翻訳

93 Harter, S.（1986）. Processes underlying the construction, maintenance, and enhancement of the self-concept in children. In J. M. Suls, & A. G. Greenwald（Eds.）, *Psychological perspectives on the self. Vol.3.* Hillsdale: Lawrence Erlbaum Associates. pp.137-181

94 James（1890）を参照

95 Harter（1986）を参照

96 『ＯＥＣＤラーニング・コンパス（学びの羅針盤）2030』（仮訳）https://www.OECD.org/education/2030-project/teaching-and-learning/learning/learning-compass-2030/OECD_LEARNING_COMPASS_2030_Concept_note_Japanese.pdf（二〇二三年九月三日アクセス）

97 Ibid., p.7
98 Ibid., 図２（p.7）をもとに筆者が作成。この図のもととなる Asmussen, K.（2017）. *Language, wellbeing and social mobility.* Early Intervention Foundation（ウェブサイト資料）も参考にしている。https://www.eif.org.uk/blog/language-wellbeing-and-social-mobility（二〇二三年九月三日アクセス）
99 ＯＥＣＤ（2013）、p.10
100 ＯＥＣＤでは collective well-being（直訳すれば「集団的ウェルビーイング」）と表記されているが、本書では「社会的ウェルビーイング」と称している。指すものは同じである。
101 白井（2020）を参照
102 文部科学省「教育現場におけるＳＤＧｓの達成に資する取組 好事例集」 https://www.mext.go.jp/unesco/sdgs_koujireisyu_education/index.htm （二〇二一年一〇月四日アクセス）
103 『ＯＥＣＤラーニング・コンパス（学びの羅針盤）2030』（仮訳）、表１（p.10）より

第3章　ウェルビーイング論の歴史的・社会的背景

——物質的・経済的な充足の先にあるものは?

1. OECDウェルビーイング施策が起案された背景

ＯＥＣＤのウェルビーイング施策が起案されたのには背景がある。それは、物質的・経済的な指標で必ずしも人びとのより良いライフを説明できなくなってきた、それを乗り越えたいというものである。ペーパーでは、次のように述べられている。

だれしも良い暮らしをしたいと思っている。だが、その「良い」(あるいは、より良い)暮らしとは何を意味するのだろうか。近年、ウェルビーイングの測定指標として長きにわたって用いられてきたＧＤＰ(国内総生産)など標準的なマクロ経済統計データは、人々の現在及び将来の生活状態を正しく把握していなかったのではないかという懸念が生じている。この懸念は目下の財政及び経済の危機によっていっそう深まり、今やＧＤＰのデータは、人々の生活に関わる多種多様な要素のごく一部を示すものでしかないとの認識が一般的となっている。不況時においては、経済の成長回復が、良い仕事に就く、無理なく住宅を入手するなど、さまざまな側面のウェルビーイングの実現に重要な意味を持つが、そうした時期ですら、政治行動の主眼は人々のニーズや関心、願望、さらには持続的な社会の実現に置かれなければならないのである[104]。

ＯＥＣＤ・ウェルビーイング施策の基礎文献として参照されるスティグリッツ・セン・フィトゥシのレポートでも、この点次のように述べられている。

ウェルビーイングを強調することが重要である理由は、ＧＤＰなどの経済的指標が人びとの一般的なウェルビーイングを説明しなくなってきているように見えるからである[105]。

図表11は、ディエナーの紹介する大学生を対象とした世界各国の価値観調査の結果の一部である。次元による価値観の違いを重要度として示す調査結果である。それを見ると、「お金」は重要度4.11～5.25となっており、中点である四点を少し上回る程度であることがわかる。重要でないとは答えていないので、その点も重要なこととして理解しておかなければならないが、それでも「人生満足」「幸福」の値より低いことはここで押さえる重要なポイントである。ＯＥＣＤウェルビーイング

図表 11　価値観調査における次元別の重要度（大学生回答）[106]

	どの程度重要ですか		
国	人生満足	幸福	お金
アルゼンチン	6.67	6.78	4.46
オーストリア	6.59	6.66	4.44
バーレーン	6.08	6.21	5.01
中国	5.67	5.91	4.82
ドイツ	6.62	5.95	4.11
ギリシャ	6.73	6.77	4.89
ハンガリー	6.43	6.57	4.30
インド	5.75	5.97	4.81
インドネシア	6.16	6.63	4.89
日本	6.02	6.31	4.70
リトアニア	6.18	6.62	5.23
シンガポール	6.25	6.59	4.80
スロヴァニア	6.78	6.62	4.60
南アフリカ	6.44	6.61	5.00
タンザニア	5.06	5.45	5.17
トルコ	6.25	5.75	5.25
アメリカ	6.39	6.58	4.68

施策の前提、スティグリッツらのレポートでの主張を支持する一つの根拠資料である。

2. マズローの欲求階層論
――D認識とB認識

しかし、物質的・経済的な充足で必ずしも人びとのより良いライフが説明できなくなったと説いたのは、何もOECDが最初ではない。もっと早い時期から、一九五〇～六〇年代にまで遡って、この状況を直接的・間接的に説いた論を数多く認めることがで

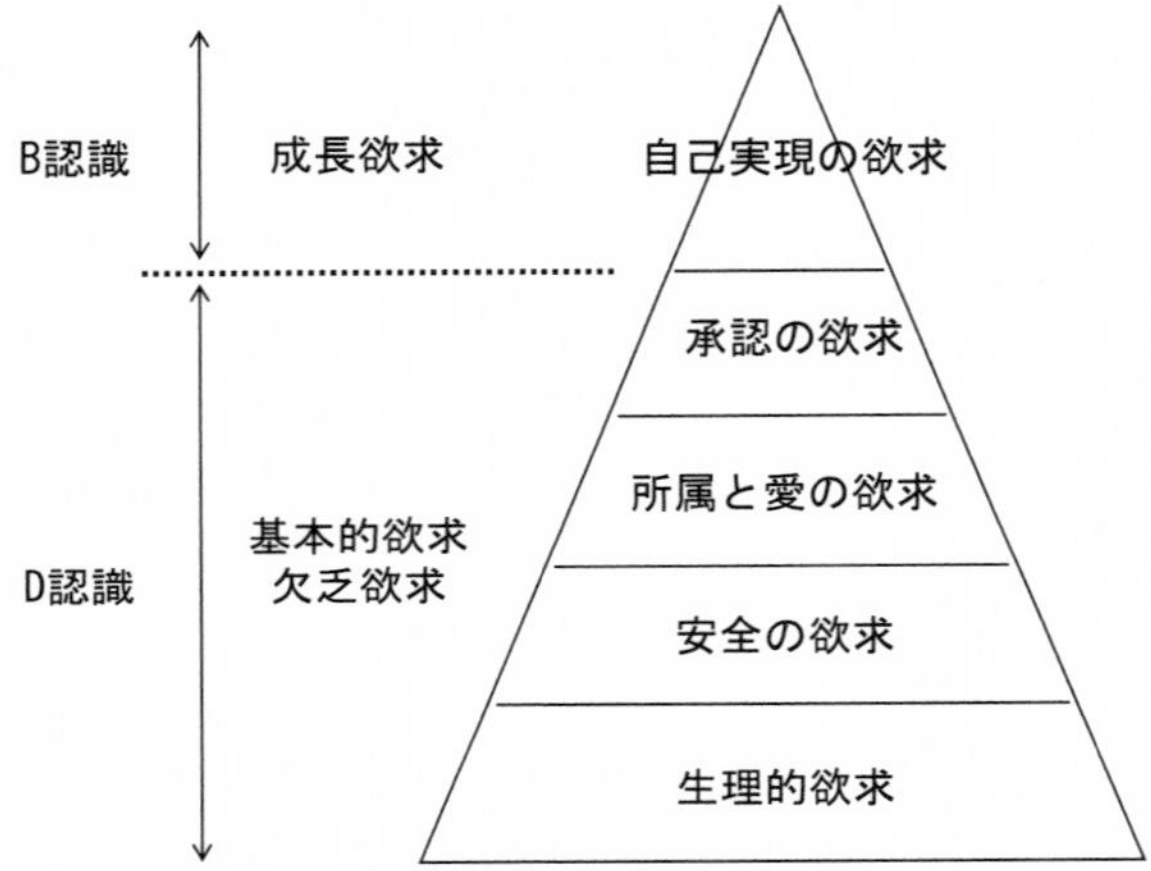

図表12　マズローの欲求階層モデル[108]

きる。その中で、一般的に知られる有名なものとして、まずマズローの欲求階層論を紹介しよう。今日、ウェルビーイングの前史としてそれを参照する論者も少なからずいる[107]。

図表12はマズローの欲求階層モデルである。このモデル図が本書に提起する大きなポイントは、人の欲求におけるD認識（D-cognition[109]：Dはdeficiency［欠乏］の頭文字である）とB認識（B-cognition：Bはbeing［存在、あり方］、becoming［生成］の頭文字である）の区別である。この区別の提起こそが、物質的・経済的な充足を超えて人びとがウェルビーイングを求める時代へと転換しようとしていたことを暗に示している。ちなみに、ウェルビーイング（well-being）のbeingとB認識のbeingは同じ用語である。説明していこう。

マズローは、D認識を「欠乏欲求」、B認識を

「成長欲求」(自己実現の欲求)と見なした。D認識は、人が生存していく上での基本的欲求を表しており、マズローはその要素として「生理的欲求」「安全の欲求」「所属と愛の欲求」「承認の欲求」を挙げた。基本的欲求のすべてが欠乏欲求というわけではないながらも[110]、成長欲求との対比的な意を際立たせるために「欠乏(欲求)」という特徴を前に出して説いている。同じ欠乏欲求の階層の中でも、例えば最下層の食を始めとする「生理的欲求」と上位の「承認欲求」とでは、その質はもちろんのこと、求められる程度、実現される程度も同じではないので、三角形モデルではそれらを下から配列して重み付けられている。すべての人にとってより上位の欲求がより高次の欲求であるかはわからないが、少なくとも生理的欲求が人の生存を考えて最下層に配置されることは了解可能である。

他方でB認識は、人が自身の可能性を最大限に発揮し、精神的に健康であることを求める「自己実現の欲求」を表している。マズローの言葉で補足すれば、「自分がなりうるものにな」ること、「自分自身の本性に忠実」であろうとすること、「その人が潜在的にもっているものを実現しようとする傾向」ともされる[111]。マズローにとっての自己実現は概して、統合的・完全なパーソナリティの実現に向けた自己への認識を指すものであり、それは自己実現の特徴として挙げられる次のようなリスト[112]からも明らかである。

1　現実のすぐれた認知

2　たかめられた自己、他人、自然の受容

3　たかめられた自発性
4　問題中心性の増大
5　人間関係における独立分離の増大と、たかめられたプライバシーにたいする欲求
6　たかめられた自立性と、文化没入に対する抵抗
7　非常に斬新な鑑賞眼と、豊かな情緒反応
8　非常に頻繁に生ずる至高体験
9　人類との一体感の増大
10　変化をとげた(臨床家は改善されたというであろう)対人関係
11　一段と民主化された性格構造
12　非常にたかめられた創造性
13　価値体系における特定の変化

欲求階層の順序性について多くの批判的議論がなされてきたので[113]、これについて筆者の考えを補足しておく。確かにマズローは「階層的な欲求」であると説き、かつ欠乏欲求を下から順に充足していかなければ、より上位の欲求が喚起されないというようなことを述べている[114]。また、欠乏欲求を充足してはじめて、自己実現の欲求を喚起させるものだとも述べている[115]。その意味では、

巷で誤解されているとされる、下位の欲求が完全に満たされてはじめてより上位の欲求へと移行していくというモデル図の解釈は、マズロー自身の説明から導かれたものである。これまでの心理学の研究的知見からは、そのような心理的な階層的順序性がすべての人に同じように起こるとは考えにくく、その意味では、人には一般的に欠乏欲求が充足されることで、自己実現の欲求が喚起されやすくなるくらいに理解すればいいものではないだろうか。マズローは次のように述べている。

これまで、基本的欲求の階層性を固定した順序として述べてきた。しかし実際、この階層性は、我々が示してきたほど不動なものではない。確かに我々が研究対象としてきた人々の大部分では、基本的欲求はこれまで示してきたような順序であると思われる。しかし、いくらか例外もあった[116]。（中略）

ウェルビーイング論に繋げよう。

マズローが欲求階層を論じた一九五〇～六〇年代というのは、様々な側面で社会の近代化が成熟を迎えた時期であった。社会がどの程度豊かになったかはさておき、少なくとも人びとが飢えや貧困などの生理的事情を理由に生存が危ぶまれる状態が改善されてきた時期であることは確かである[117]。リオタール[118]が「ポストモダン」と呼んで、近代社会の時代的転換を示唆したのもこの時期であった。マズロー自身が近代社会の成熟や転換を強く意識して欲求階層を論じたわけではないながらも、それが歴史的・社会的文脈の中で説かれたことは確かである。彼は著書の冒頭で次のように述べている。そこでの「一五〇年かかって苦闘し獲得した紛れもない前途改革」というのは、社会の近代化初期の過程に見事に一致している。

この序を書いている時にも、一五〇年かかって苦闘し獲得した紛れもない前途改革を、多くの思慮のない浅薄な人々が、社会がまだ不完全だからすべてまやかしで無価値であり戦い求め守り尊重する価値のないものとしてはじきとばしてしまっているのが、アメリカ文化の特徴なのである。[119]

マズローの欲求階層論の本書への示唆は、人びとのもつ様々な欲求の中で欠乏欲求と成長欲求とを大きく区別して、そこから成長欲求としての「自己実現の欲求」を抽出・措定したことである。先に述べたように、欠乏欲求を充足しなければ自己実現の欲求へと向かわないわけではない。すべての人が欠乏欲求を充足させることで必ず自己実現の欲求へと向かうとも限らない。しかし一般的には、衣食住や安全・安心等が極度に脅かされる日々の中では、自己実現の欲求が喚起されるのは難しい。逆にいえば、人の生存基盤となる欠乏欲求を充足させることで、人は自己実現の欲求へと動機付けられるお膳立てができる。実際に自己実現へと動機付けられるかどうかはさておき、そのお膳立てができると考えられるのである。

そして、これらの欠乏欲求、とくに生理的欲求、安全の欲求等の下位の基本的欲求の充足を「物質的・経済的な充足」に、そして、成長欲求（being / becoming）としての自己実現の欲求を「ウェルビーイング（well-being）」に、ある程度近いものとして置き換えられるならば、マズローの欲求階層論がウェルビーイング論の前史として見事に位置付くのがわかる。先に、マズローが成長欲求として特徴付けたbeingと、ウェルビーイングのbeingは同じ概念であると述べたことも思い出してほしい。

もっとも、マズローにとっての自己実現は、ウェルビーイングよりもはるかに至高的で、どちらかといえば、統合的なパーソナリティの完全性を目指すものとして考えられている。両者には概念上の隔たりがかなりある。しかし、両者はいずれも自己成長の問題を扱う概念として共通しており、そのように両者の共通性を見て取れるならば、マズローの欲求階層論は、物質的・経済的な（＝欠乏欲求の）充足からウェルビーイング（＝自己実現）への歴史的・社会的転換の問題を、心理学的に説いた論であったと理解することができるのである。

3. ウェルビーイング論の前史を説明するフロムのbeing論

⑴大いなる約束の挫折

マズローの欲求階層論は、一九五〇～六〇年代に提起されたものであった。今日から見ると、そこでの成長欲求（being / becoming、自己実現の欲求）の抽出・措定が当時の（近代）社会の成熟から転換、とくに物質的・経済的な充足を超えた先に見る人びとの自己やライフについての視座を提供するものであったと考えられた。これが前節のまとめである。

しかし、そうはいってもマズロー自身は、物質的・経済的な充足を超えたところでの近代社会の転換の文脈を強く意識して欲求階層を論じたわけではなく、あくまで心理学の枠内で、その枠をできるだけ越えないようにして心理的機制としての人の欲求階層を論じたに過ぎなかった。その意味では、仮にマズローの欲求階層論がウェルビーイングの前史として了解可能な視座を提供していたと見るにしても、それだけではウェルビーイングの前史を語るには不十分である。

このような中、物質的・経済的な充足を超えたところでの近代社会の転換を意識し、しかもマズローにかなり近い視座を提供したのは、『自由からの逃走[120]』で知られるフロムである。彼は「持つこと（to have / having）」に対比させてbeingを措定し、「持つこと」から「あること（to be / being）」の存在様式への時代的転換として、この問題を論じた[121]。しかもフロムは、古代ギリシャ以来の幸福・

エウダイモニア論に遡り接続しながらも、それを切り離す形で独自のbeing論を新たに提起しており、**第1章4**で論じた今日のウェルビーイング論者と同様の作業形式を採っている。これらの点から今日のウェルビーイング論の前史としてふさわしい論を提供していると考えられる。さらに加えて哲学者ロスの『アリストテレス』第四版と同様に（同じく**第1章4**を参照）、彼はそれまでhappinessやeudaimonia（エウダイモニア）と訳されていた、古代ギリシャ以来の幸福・エウダイモニア概念を「well-being（ウェルビーイング）」と英訳して論じていることも補足しておく[122]。ＷＨＯの憲章で用いられたから、ロスが用いたからなどとは一切述べておらず、学術的に対応関係への言及が欲しかったところではあるが、本書ウェルビーイング論に関連させて興味深いことに変わりはない。

フロムは、物質的・経済的な充足を超えたところでの近代社会の転換について、「大いなる約束の挫折」と題し、being論のイントロダクションとして次のように述べている。

〈限りなき進歩の大いなる約束〉――自然の支配、物質的豊富、最大多数の最大幸福、妨げるもののない個人の自由の約束――は、産業時代が始まって以来の各世代の希望と信念を支えてきた。私たちの文明は、人類が自然を能動的に支配し始めた時に始まった。（中略）だれもが富と安楽とを達成すれば、その結果としてだれもが無制限に幸福になると考えられた。限りない生産、絶対的自由、無制限な幸福の三拍子が〈進歩〉という新しい宗教の核を形成し、新しい〈進歩の地上の都〉が〈神の都〉に取って代わることになった。この新しい宗教がその信者に精力と活力と希望とを与えたことは、何ら驚くに当たらない。〈大いなる約束〉の壮大さと産業時代の驚くべき物質的知的達成とを思い描くことによって初めて、その挫折の実感が今日生じつつある衝撃を理解することができる。というのは産業時代には確かにその〈大いなる約束〉を果たさなかったし、ますます多くの人びとが次の事実に気付きつつあるからである。（中略）

すべての欲求の無制限な満足はウェルビーイングをもたらすものではなく、幸福に至る道でもなく、最大限の快楽への道ですらない[123]。

⑵「持つこと(having)」から「あること(being)」への存在様式の転換

フロムの考えによれば、人には自己と世界に対する異なる方向付けをもつ二つの存在様式、すなわち「持つこと(having)」と「あること(being)」がある。そして、そのどちらが優勢になるかによって、人の思考、感情、行為の総体が決定されるとする[124]。

「持つこと」とは、世界の事物を所有し占有する存在様式のことである。具体的には、財産や知識、社会的地位や権力などの所有にこだわることである。マズローの欲求階層論における食を始めとする生理的欲求を充足させることも、この「持つこと」の代表的一例である。マズローの論は、「持つこと」の欠乏が人の生存を脅かし、その充足を図っていくことが人のライフの基盤を作り、さらに自己実現へと向かわせると考えるものである。しかしながら、人は欠乏欲求を充足させても、その「持つこと」をそのまま維持し自己目的化して、それ自体をいっそう豊かにしていこうとする性向ももっている。そして、それが高じて、「財産や知識、社会的地位や権力などの所有にこだわる」という「持つこと」の代表的特徴を作り上げる。

それに対して「あること（being）」とは、フロムの言葉を用いれば、「成ること（becoming）」と同義である[125]。「成ること」とは、すなわち自己が変化、成長すること、あるいはその過程である。「持つこと」だけで人は変化、成長しない。「持つこと」の欠乏や充足を基盤としながらも、その上で人が自身（自己）の欲求をより実現しようと変化・成長させること、それが「あること」である。この見方は、マズローが自己実現の欲求を「成長欲求」と特徴付け、さらにそれをB認識（being［存在・あり方］/ becoming［生成］）と特徴付けた視座に見事に対応する。フロムはマズローを参照して「持つこと」「あること」の存在様式を説いたわけではなかったが、両者がこのbeing / becomingを通して見ていたものはかなり近いものと考えられる。

フロムは、「あること」の基本的特徴を「内面的能動性」「生産的能動性」であるとも述べている（左記）。この内面的・生産的能動性という特徴も、マズローがリスト化した一三の自己実現の特徴（2を参照）のうちの「たかめられた」「増大」「斬新な」「至高」「変化をとげた」といった形容表現とほぼ同義である。

その（ある様式の）基本的特徴は能動的であるということだが、（中略）自分の人間的な力を生産的に使用するという、内面的能動性の意味である。能動的であるということは、自分の能力や才能を、そしてすべての人間に――程度はさまざまだが――与えられている豊富な人間的天賦を、表現することを意味する。それは自分を新たにすること、成長すること、あふれ出ること、愛すること、孤立した自我の牢獄を超越すること、関心を持つこと、〝list〟すること、与えること、を意味する[126]。

私は能動性の主体としての私自身を経験する。（中略）能動性は、何かを生み出す過程であり、何かを生産してその生産物との結びつきを保つ過程である。このことはまた、私の能動性は私の力の現われであって、私と能動性と能動性の結果とは一体であるという意味も含んでいる。私はこの（中略）能動性を、生産的能動性と呼ぶ[127]。

4．物質的・経済的な充足の先にあるものという視座

一九五〇～六〇年代になって考えられるようになった、物質的・経済的な充足の先に何があるのかという問いに答えた論者こそが、今日のウェルビーイング論、あるいはOECDのウェルビーイング施策の前史を担う人たちであると考えられる。その一人は２で紹介したマズローであり、彼はD認識からB認識（自己実現）への欲求階層の実現としてその問いに答えた。もう一人はここで紹介しているフロムであり、彼は「持つこと」から「あること」への存在様式の転換としてその問いに答えた。両者に共通するのは、人は最後はbeing（存在、あること）を求める性向をもっており、その本質は「becoming（生成、成ること）」だということである。ここでは、そのbeing／becomingに相当するものをマズローの用語「自己実現」と置いて、続けて論じていく。

確かに、マズローやフロムの論に基づけば、物質的・経済的な充足の先にあるものは自己実現であるが、その自己実現が今日のウェルビーイングにそのまま相当するわけではない。２で述べたように、その自己実現は今日のウェルビーイングが指示するものに比べてはるかに至高的であり、どちらかといえば、統合的なパーソナリティの完全性を目指すものとして考えられていた。マズローは自己実現について、次のように述べている。

理論的には、自己実現は容易であるとしても、実際には、ほとんどおこるものではない。(わたくしの基準では、大人の人口の一パーセントにもみたないことはたしかである)[128]

ウェルビーイングを実現する人が「大人の人口の一パーセントにもみたない」ようでは、今日のウェルビーイング論は成り立たないだろう。ウェルビーイング論は、多くの人びとにとって充実した自身のライフの構築を目指すようなものでなくてはならない。その意味で、マズロー、フロムの自己実現論はあまりに至高的であり、有用ではない。

このような中、この問題を解決して自己実現を一般的な人びとにとってのウェルビーイングに繋げ、「自己実現としてのウェルビーイング」と論じるのは、心理学者のウォーターマンである。マズローの自己実現は self-actualization と表記されるものであったが[129]、ウォーターマンは「自己実現(self-realization)」とマズローのそれと表記をずらして概念化する。

ウォーターマンが自身の自己実現概念を通してウェルビーイングを研究するのは、おそらく彼がエリクソン直系のアイデンティティ研究者だからであろう[130]。エリクソンもまた、社会の近代化の中で人びとに求められるようになった自己成長の問題を、青年期発達の心理社会的な自己定義、アイデンティティ形成論として説いたのであった[131]。ウォーターマンは、マズローやゴールドシュタイン、ホーナイ、ロジャーズなどの自己実現に近接する先行論者の考えを踏まえて、自己実現を次の四つの特徴をもつ概念として整理した。

(a)適性や潜在的な才能の自己発見
(b)それらの適性を発達させてスキルや才能の開花に向けたひたむきな努力
(c)それらの才能を用いることができるような人生の目的を選ぶこと
(d)自身の物理的・社会的・経済的な文脈の中で使える機会を見出し、そして用いて、選ばれた人生の目的のために自身のスキルや才能を表出し続けること[132]

要するに、ウォーターマンの自己実現は、マズローらの自己実現を、自身の適性や才能の開花を自己発見することとして引き取り、その上でそれらを最大限活かした自己定義（アイデンティティ形成）や人生の目的を見出していくこと、つまり自身のライフを構築することとして捉えたものである。こうして、マズロー、フロムの自己実現がウォーターマンを経て今日のウェルビーイング論へと接続する。物質的・経済的な充足、豊かさを求めながらも、それだけで自身のライフが満足される時代ではなくなってくる。自身の興味や関心、能力等に基づいて、自分がしたいこと、なりたい自分へとアイデンティティ形成していくことが求められるようになっている。それが、ウォーターマンの自己実現であり、本書で述べてきた自身のライフの構築である。

5. ウェルビーイングに向けた本質的な作業は自己形成である

自身のライフの構築、そして4で紹介したウォーターマンの自己実現の本質的な作業は、すなわち自己形成である。これまでの論を自己形成の観点からまとめておこう。

第1章1で述べたように、「自己」と「自身のライフ」は、個別的水準から抽象的・一般的水準への水準移動を介して交換可能な概念である。個別的水準から見れば、「自己」「自身のライフ」(日々の生活・人生)はより具体的な自身の姿を表すものであり、抽象的・一般的水準から見れば、より抽象的・一般的な自身の姿を表すものである。焦点の当て方によって「自身のライフ」と呼んだり「自己」と呼んだりするのは、こういう水準移動を介してのことである。

その上で、ウェルビーイングは人びとの日々の生活から人生、生き方の問題を実践的に扱う概念である。その意味において、ウェルビーイング論は直接的には「自身のライフ」に焦点を当てる概念である。しかし、それに向けた本質的な作業が自己形成であると考えられるのは、ウェルビーイングが単に具体的な「自身のライフ」を論じるだけでは事済まない概念だからである。「物質的・経済的な充足の先にある人びとの暮らし」を考える視座は、もはや抽象的・一般的水準における自己の問題でしかない。だから、マズローは自己実現を、フロムは「あること(being)」を、そしてそれを今日に繋いだウォーターマンはアイデンティティ形成をベースにした自己実現を論じたのである。これらはすべて「自己」の問題であり、より正確には「自己形成」の問題である。エリクソンのアイデンティティ形成は自己形成の一部である[133]。マズローやフロムが説いた「being（存在、あること）」は「becoming（生成、成ること）」であるという考えも、未来に向けた自己形成の機能として理解されるものである。

そして、ウェルビーイングに向けた本質的な作業が自己や自己形成の問題であると見なせるようになれば、なぜウェルビーイングを実現させる「隆盛（flourishing）」の心理的機制が自己や他者に関する態度や感情になるのかも理解される。**第1章5(1)**で紹介した、セリグマンのＰＥＲＭＡモデル（ポジティブ感情、エンゲージメント、関係性、意味、達成感）やリフの心理的ウェルビーイング（自己受容、他者との良好な関係、自律、環境支配、人生の目的、自己成長）は、ウェルビーイングを高める要素を明らかにした代表的知見であるが、そこで示されるものはほぼ自己の態度や志向性を指している。自己は基本的に他者や環境と対峙・関係する中で、「お前はどうなのだ」を問う概念であるから、その意味において、ＰＥＲＭＡモデルにおける「関係性」や心理的ウェルビーイングにおける「他者との良好な関係」「環境支配」は、まさに自己の問題ともいえる。ライアンらの自己決定理論[134]も隆盛としてのウェルビーイング論で挙げられることが多いが、それも本書の文脈に引きつけていえば、物質的・経済的な外的報酬よりも、自身の内側から沸き上がる内発的動機に促されて人は自律的に自身のライフを構築するのだと考える論である。そのような自己の態度や志向性を基礎として、主観的に良しと評価する自身のライフを構築していければ、それこそがウェルビーイングとなる。

もっとも、自身のライフの構築を、主体的・探求的で創造的なライフの構築だけを指すように捉えてはいけない。無理せず、「あるがまま」の自分を受容して受け止めるような自己の形成もあっていい。**第2章1**で述べたように、ネガティブな感情をどのようにポジティブな感情へと転換するかの心理的機制は、心理学研究が見出した大きな知見の一つであった。心理学者がウェルビーイング論に合流し始めた時、心理学者はこの大きな一手をウェルビーイングの幸福や満足の指標の取り方に組み込むことを提案してきたのである。そして、リフ[135]の心理的ウェルビーイングの一つに「自己受容」因子があったことも、これに繋げて理解しておきたい。

6．実は生きがい論はウェルビーイング論日本版の前史であった

一九七〇年代、日本では生きがい論がブームになった。そのきっかけは、神谷が一九六六年に出版した『生きがいについて[136]』にあると述べられることが多い[137]。当時精神科医であった神谷は、今日呼ぶところのハンセン病患者の施設で医学的調査を行っており、患者の多くが将来に何の希望も目標ももっておらず、「『毎日、時をむだにすごしている』、『無意味な生活を有意義に暮らそうと、

むだな努力をしている』『たいくつだ』[138]」と述べていることを著書で紹介している。そして、「衣食住は国家の手で一応保障され、もちろん決して満足な状態ではないにせよ、作業や娯楽のしくみもあるなかで、このひとたちは『無意味感』にいちばん悩んでいるのであった[139]」と続けている。他方で、ある患者の次のような言葉も紹介していて、それを基に神谷は生きがいを論じていくのであった。

ここの生活……かえって生きる味に尊厳さがあり、人間の本質に近づき得る。将来（中略）人を愛し、己が生命を大切に、ますますなりたい。これは人間の望みだ、目的だ、と思う。[140]

この話はいったい何を指すものであろうか。本章でマズローの欲求階層・自己実現論、フロムのbeing論等を通して述べてきたことと似たようなものを感じないだろうか。「ますますなりたい」というのは、フロムが述べた「成ること（becoming）」と同じではないか。「なりたい」が患者の言葉として発出されていることが興味深い。

神谷を踏まえて生きがいを論じた見田は、生きがいが論じられるようになった社会的背景として、物質的・経済的な充足を超えて人びとが「精神のパン[141]」を求め始めたからだと論じている。マズローが欠乏欲求の充足と述べたことを、見田は平易に「お米をどうやって手に入れたらいいか、子供に何を着せたらいいか、息苦しい間借りの生活からどうやってぬけだすことができるか、これらのことで頭がいっぱいである人は、〈生きがい〉の問題などを問わない[142]」と説明する。熊野が次のように述べることは、前記の要約である。

一九四五年の終戦から一九六〇年代中頃までは、生活の物質的豊かさが求められ、生きがいはあまり問題にされなかった。一九六〇年代中頃からの高度経済成長で「食」の問題から解放され、「生」の問題を意識するようになった。このような時代の一九六六年に神谷は、現在でも広く読まれている「生きがいについて」をまとめている[143]。

さて、神谷は著書『生きがいについて』の中で、何度も「幸福」という言葉を用いた議論をしている。『ニコマコス倫理学』でアリストテレスはこう論じた、などという記述はないながらも、例えば次のような文章は、主張が十分であるかは横に置いて、アリストテレスを始めとする古代ギリシャ以来の思想史の幸福論（**第1章5**を参照）、そのものではないかとも見える。

生きがいと幸福観とはどういう風に違うのであろうか。たしかに生きがい感は幸福観の一種で、しかもその一ばん大きなものともいえる。けれどもこの二つを並べてみると、そこにニュアンスの差があきらかにみとめられる。ざっとその主なちがいを考えてみれば、生きがい感には幸福観の場合よりも一層はっきりと未来にむかう心の姿勢がある[144]。

また、次の文章に見られるように、マズローのD認識・B認識、さらには別のところではマズローやフロムの自己実現についても言及している[145]。

人間として一層ゆたかに、いきいきと生きようとするこの種の欲求をマズローは「成長動機」と呼んで「欠如動機」から区別した。後者の場合には欲求不満による緊張を解除しようとする欲求がはたらくが、「成長動機」の場合にはむしろわざわざ一層の困難や努力を、すなわち一層の緊張を求める欲求がみられるという[146]。

「生きがい」を主テーマに研究する熊野が、生きがい研究は、今日の幸福・ウェルビーイング論に近い概念だと論じているのも示唆的である。熊野の説明を引用しよう。

最近では、政府が二〇〇九年一二月に新成長戦略の基本方針で「国民の『幸福度』を表す新たな指標を開発し、その向上に向けた取り組みを行う」と発表している。すなわち、政府は幸福の定義をまだ明らかにしていないが、単に物質的な豊かさだけでなく、精神的な豊かさ、中でも生きがいと類似した幸福を大切にしていく姿勢を明らかにしている。このような流れを受けて、二〇一〇年三月号の「科学」誌でも「幸福の感じ方・測り方」の特集が組まれ、国や自治体が相次いで幸福観や幸福度の調査を始めている。

一方、欧米では、生きがいに類似した概念である幸福に関する実証的な心理学研究が行われるようになったのは二〇世紀の初期からであり、収入、結婚、年齢、性別などのデモグラフィック要因が幸福といかに関係するかが研究されてきた。一九八〇年代に入って、主観的幸福観(subjective well-being)や心理的ウェルビーイングが提唱され、それらに関する理論的な研究が行われるようになった[147]。

神谷は、「生きがいということばは、日本語だけにあるらしい[148]」とし、生きがいが日本語固有の言葉であり、英語やドイツ語でぴったり当てはまる言葉がないと述べている。あえて近い言葉を探すと「存在理由(レーゾン・デートル)」となるかもしれないが、もっと生活的な含みがあるとして却下している。見田も神谷と同様の考えを述べ、ある心理学者が「自己実現」に近いとしていることを紹介して、生きがいはもっと大きな概念であり、神谷のいう「生活的な含み」を自己実現は表せていないと持論を展開している。

確かに「生きがい」は日本語固有の言葉であり、その語感から近い西欧の言葉を見つけようとすると、神谷や見田の考えに陥ってしまうかもしれない。しかし、筆者の考えでは、「生きがい」は今呼ぶところの「ウェルビーイング（well-being）」である。神谷や見田が、「存在理由」「自己実現」では生きがいを十分に表しておらず、もっと「生活的な含み」のニュアンスがあると述べることも、ウェルビーイング論ではすでに議論済みである（**第1章**、**第2章**を参照）。つまり、ウェルビーイングには時間幅の長短があり、それをライフ（日々の生活・人生）として表現していること、そしてウェルビーイングは個別的水準における「自身のライフ」に焦点を当てながら、その水準を抽象的・一般的水準まで往還させ、抽象度が上がれば、時にそれは「自己」の問題ともなるのである。

そして、一九五〇～六〇年代に論じられたマズローの欲求階層、自己実現論、フロムのbeing論等が今日のウェルビーイング論の前史であったと見るならば、日本で一九七〇年代にブームとなった生きがい論は、日本版のウェルビーイング論の前史であったと見ることができる。私たち日本人は、ＯＥＣＤに提案される以前から、このテーマについてしっかり考えてきた国民なのである。

7. まとめ

本章では、ウェルビーイング論の前史について論じた。ＯＥＣＤがウェルビーイング論の前文脈とする、「物質的・経済的な指標で必ずしも人びとのより良いライフを説明できなくなってきた、それを乗り越えたい」は、実は多くの論者が一九五〇～六〇年代に説いたことである。本章では、一般によく知られるマズローの欲求階層・自己実現論と、フロムの「持つ様式（to have / having）」から「ある様式（to be / being）」への存在様式への転換の論を紹介して、彼らが物質的・経済的豊かさの後の人びとの自己実現について論じていたことを述べた。そして、そのような自己実現論が、例えばウォーターマンのような学者が現代的に引き取り、今日のウェルビーイング論へと発展したことを論じた。最後に、ウェルビーイングに向けた本質的作業は自己形成であり、また日本で一九七〇年代にブームとなった生きがい論は、日本版のウェルビーイング論の前史であったことも補足された。

注

104 ＯＥＣＤ(2012)、p.20より。ただし、もとのペーパー（OECD, 2011, p.14）と照らし合わせて「幸福」の部分を「ウェルビーイング」と訳し直している。OECD (2011) . *How's life?: Measuring well-being*. Paris: OECD Publishing. http://dx.doi.org/10.1787/9789264121164-en（二〇二三年一一月一一日アクセス）

105 Stiglitz, Sen, & Fitoussi (2009)、p.12より翻訳。Stiglitz, J. E., Sen, A., & Fitoussi, J. P. (2009) . *Report by the commission on the measurement of economic performance and social progress*. https://ec.europa.eu/eurostat/documents/8131721/8131772/Stiglitz-Sen-Fitoussi-Commission-report.pdf（二〇二三年一一月三〇日アクセス）

106 Diener (2000)、Table 1を改変・作成。評定は、(7)非常に重要だ～(1)まったく重要でない、まで7件法で回答。調査データの概要は、Suh et al. (1998) を参照。Suh, E., Diener, E., Oishi, S., & Triandis, H. C. (1998) . The shifting

basis of life satisfaction judgments across cultures: Emotions versus norms. *Journal of Personality and Social Psychology, 74(2)*, 482-493.

107 例えば Kasser & Ryan (1993)、Waterman (2013) を参照。Kasser, T., & Ryan, R. M. (1993). A dark side of the American dream: Correlates of financial success as a central life aspiration. *Journal of Personality and Social Psychology, 65(2)*, 410-422.

108 あまりにも有名なマズローの欲求階層のモデル図であるが、マズロー自身はこのような図を示していない。図表12は、マズローの心理学について解説したGoble (1970) で示された図 (p.50) を参考にして、用語はマズロー (1987) に基づいて筆者が作成している。Goble, F. G. (1970). *The third force: The psychology of Abraham Maslow*. New York: Grossman、マズロー, A. H. (著) 小口忠彦 (訳) (1987). 人間性の心理学 [改訂新版] 産業能率大学出版部

109 マズロー (1964) を参照。なお、文中では「マズロー」と表記しているが、ここでは書籍に従って「マスロー」としている。マスロー, A. H. (著) 上田吉一 (訳) (1964). 完全なる人間—魂のめざすもの—　誠信書房

110 マスロー (1964)、pp.46-47

111 いずれもマズロー (1987)、p.72

112 マスロー (1964)、pp.44-45

113 例えば、廣瀬・菱沼・印東 (2009) を参照。廣瀬清人・菱沼典子・印東桂子 (2009). マズローの基本的欲求の階層図への原典からの新解釈　聖路加看護大学紀要, *35*, 28-36.

114 マズロー (1987) は次のように述べている。「他の (より高次な) 欲求が出現し、それが生理的飢餓に代わって優位に立つようになる。そしてそれが満たされると、順に再び新しい (さらに高次の) 欲求が出現してくるといった具合である。これが我々のいう、人間の基本的欲求はその相対的優勢さによりその階層を構

成している、ということなのである。」(p.60)

115 マズロー（1987）は次のように述べている。「この欲求（＝自己実現の欲求）は通常、生理的欲求、安全欲求、愛の欲求、承認の欲求が先立って満足された場合に、それを基礎にしてはっきりと出現するのである。」(p.72、括弧内は筆者による)、「これまで理論的に論じられてきたところでは、これら五つの欲求は、一つの欲求が満たされると次の欲求が現れるというような関係であるかのような印象を与えたかもしれない。これは、一つの欲求は、次の欲求が現れる前に一〇〇％満たされなければならないかのような誤った印象を与えることになる恐れがある。実際には、我々の社会で正常な大部分の人々は、すべての基本的欲求にある程度満足しているが同時にある程度満たされていないのである。欲求の階層性に関してさらに現実的に述べると、優勢さの階層性を昇るにつれ満足の度合いは減少するといえよう。」(p.83、ただし一部訳出を修正している)

116 マズロー（1987）、p.80

117 例えば Inglehart (1997) を参照。Inglehart, R. (1997). *Modernization and postmodernization: Cultural, economic, and political change in 43 societies*. Princeton: Princeton University Press.

118 リオタール, J.F.（著）小林康夫（訳）(1986). ポスト・モダンの条件―知・社会・言語ゲーム―　水声社

119 マズロー（1987）、p.xxx

120 フロム, E.（著）日高六郎（訳）(1965). 自由からの逃走　東京創元社

121 フロム, E.（著）佐野哲郎（訳）(1977). 生きるということ　紀伊國屋書店。ちなみに、この翻訳書の題名はフロムの原題の意図を正確に反映していない。原題は次の通りである。Fromm, E. (1976). *To have or to be?* New York: Harper & Row.

122 Fromm (1976) の例えば p.4 や p.93 を参照

123 フロム(1977)、pp.15-16。ただし一部訳出を修正している

124 フロム(1977)、p.46

125 Ibid., p.47

126 Ibid., pp.126-127

127 Ibid., p.130

128 マスロー(1964)、p.268

129 Maslow(1970)を参照。Maslow, A. H.(1970). *Motivation and personality*. Second edition. New York: Harper & Row.

130 例えば、次のようなWatermanのアイデンティティ関連の論文がある。Waterman, A. S.(1988). Identity status theory and Erikson's theory: Communalities and differences. *Developmental Review, 8(2)*, 185-208、Waterman, A. S.(1999). Issues of identity formation revisited: United states and the Netherlands. *Developmental Review, 19(4)*, 462-479.

131 Côté & Levine(2002)を参照。Côté, J. E., & Levine, C. G.(2002). *Identity formation, agency, and culture: A social psychological synthesis*. New York: Psychology Press.

132 Waterman(2013)、p.11

133 溝上(2008)を参照。溝上慎一(2008). 自己形成の心理学―他者の森をかけ抜けて自己になる― 世界思想社

134 Ryan et al.(1996)、Oishi(2000)を参照。Oishi, S.(2000). Goals as cornerstones of subjective well-being: Linking individuals and cultures. In E. Diener, & E. M. Suh(Eds.), *Culture and subjective well-being*. Cambridge: The MIT Press. pp. 87-112

135 Ryff(1989)を参照

136 神谷美恵子(1980). 生きがいについて(神谷美恵子著作集1) みすず書房。初版は1966年である。

137 見田 (1970)、熊野 (2012) を参照。見田宗介 (1970). 現代の生きがい—変わる日本人の人生観— 日本経済新聞社、熊野道子 (2012). 生きがい形成の心理学 風間書房
138 神谷 (1980)、p.9
139 Ibid., p.9
140 Ibid., p.9
141 見田 (1970)、p.12
142 Ibid., p.21
143 熊野 (2012)、pp.3-4
144 神谷 (1980)、p.30
145 神谷 (1980)、pp.69-70
146 神谷 (1980)、p.52
147 熊野 (2012)、pp.4-5。ただし、英語表記の一部、引用表記は削除している。
148 神谷 (1980)、p.14

第4章　鳥取県倉吉市のウェルビーイングを視座とする地方創生
――小田急電鉄主宰ＩＦＬＡＴｓの事業

本章では、これまでの理論を踏まえて、筆者が関わる小田急電鉄主宰ＩＦＬＡＴｓのウェルビーイングを視座とする事業を紹介する。

1．「人財」育成を基盤とする地方創生ビジョン

人口減少が進むことによる地方の衰退は全国課題である。人口減少は地域経済を衰退させる。商店街はシャッター街となり、商業・娯楽等施設は撤退を余儀なくされる。経済の衰退は雇用の力を落とし、若い人びとは仕事を求めて地域を離れる。これらは回り回って、地方行政に税収の減少という形で深刻な影響を及ぼす。行政の弱体化は、鉄道やバス等の公共交通機関を始め、学校や医療システム、通信等の暮らしに関するサービスを低下させる。様々な側面で人びとの暮らしは不自由なものになり、地方の魅力が弱まっていく。

もちろん、地方も国も手をこまねいて何もしないわけではない。地方の衰退を何とか食い止めようと、地方の魅力創出や新しい産業の開発などを手がけている。観光業や飲食業、伝統産業を発展させたり、他にも特産物の開発や企業を誘致したりして、新たな雇用の創出、関係人口の増加、Uターン、Iターンなどの移住者を増やす取り組みを行っている。

鳥取県にある倉吉市は、市の地方創生に関して『第2期まち・ひと・しごと創生総合戦略（改訂版）[149]』（二〇二三年）を策定している（以下『倉吉市創生戦略』あるいは単に「ペーパー」と呼ぶ）。そこでは、市の大きな課題がまず人口減少にあると述べる。若年層を中心とした生産年齢人口の減少、大都市圏への人口流出による人口全体の減少である。このような状況が続くと、地域経済が縮小し、これまで民間や行政が提供してきた身近なサービスが受けられなくなり、地域の都市機能が低下するだけでなく、地域活動の担い手が減少してコミュニティが衰退し、魅力が失われ、住み慣れた場所に暮らしたくても暮らせなくなるおそれがあると警鐘を鳴らしている。この状況を踏まえて『倉吉市創生戦略』では、市の目指す姿を次のように述べている。

本市に暮らす子ども、若者、子育て世代、働く世代、地域活動の担い手、高齢者など、一人ひとりが、暮らしやすさを実感でき、魅力を育み、活気あふれる持続可能なまちを目指して、人口減少という大きな課題に立ち向かい(中略)、より暮らしやすく、輝きを放つ地方創生を推進していく必要があります[150]。

さて、ここまではどの地域の地方創生でもある程度謳っているものであるが、『倉吉市創生戦略』では、倉吉市独自の視点としての地域「人財」を掲げている。人財とは、地域に関わる一人ひとりが地域の担い手であり、多様な「人」を生涯にわたり育成し、かけがえのない地域の「財」とすることを指す。ペーパーでは、人財を活かした地方創生について次のように述べられている。

「人財」が世代を超えてつながり、持続的に「人財」を育成していくことで、魅力的なまち(地域)を創造します。「人財」が仕事を呼び、仕事が人財を呼び、また新たな「人財」が生まれます。これを続けていくことで、愛着と誇りを持つ倉吉が創られ、暮らしたい、暮らし続けたい倉吉に成長していくことにつながるからです。

また、先端技術を積極的に活用して地域課題を解決できる社会づくりを進めるとともに、持続可能なまちづくりに取り組んでいくことで、多様な「人財」を活かすことができ、活躍できる環境づくりを進めていきます[151]。

このような人財に焦点を当てて発展を目指す倉吉市が、二〇二二年よりパートナーシップを結び連携するのが小田急電鉄が主宰するＩＦＬＡＴｓである[152]。ＩＦＬＡＴｓは、ウェルビーイングを始めとして、暮らし、働き方、学び方に関するリサーチを行い、ソリューションを提案・運営するイノベーションラボである。筆者はアドバイザーとしてこれに参画している。

ＩＦＬＡＴｓにおける人材育成の理念は、実のなる木（**図表13**を参照）を用いて比喩的に説明される。組織はいつも豊かな「実」ばかりを求めるが（経済やコミュニティの活性化、人口増加など）、豊かな「実」には良い「根」（ウェルビーイングを実現する人財）が必要である。良い「根」をしっかり育て幹を太くして、そうして豊かな「実」が育ち収穫することができる。

この喩えに基づけば、倉吉市の良い根としての人材（人財）の考え方は、ウェルビーイングの視座に基づくものである。というのも、先に引用した『倉吉市創生戦略』の「**本市に暮らす（中略）一人ひとりが**、暮らしやすさを実感でき、魅力を育み、活気あふれる持続可能な**まちを目指して**、人口減少という大きな課題に立ち向かい（中略）、より暮らしやすく、輝きを放つ地方創生を推進していく必要がありま す」（太字は筆者が強調）という文章は、まさに倉吉市民の一人ひとりのウェルビーイングが倉吉市の地域創生と共にあれと求めるものだからである。つまり、倉吉市民に地域課題を我が事と見なしてほしい。そして、それに取り組むことが、主観的に良しと評価する自身のライフ（ウェルビーイング）のために必要なものであると思ってほしい。そのような市民のウェルビーイングに基づく地域創生を謳っ

図表 13　IFLATs の人材育成ウェルビーイングプロジェクトの理念を表す実のなる木[153]

たものだからである。ウェルビーイング論の視座でいえば、**第2章5**で述べた主観的な社会的ウェルビーイングという考え方に相当するものでもある。

2. ウェルビーイング実態調査

もちろん、倉吉市が市民にそのように訴えかけるからといって、それが押しつけになってはいけない。市民が心の底からそう思う、感じるようになることが地方創生を進めていく上で重要なステップとなる。それがウェルビーイングの視座ということでもある。このような中でＩＦＬＡＴｓは、ウェルビーイングに関する二つの取り組みを倉吉市に提案した。一つは、倉吉市民へのウェルビーイング実態調査の実施であり、もう一つは、iVision Session と呼ばれる、三日間の滞在型セッション二回を含む約三ヶ月間の人材育成研修である。

まず、ウェルビーイング実態調査についてである。調査の目的は、倉吉市民のウェルビーイングの実態、そしてその中に地域への関心や関わりがどの程度であるかを明らかにすることである。調査では、**第2章3**で紹介したウェルビーイング全国調査と同じ項目を用いて、全国データをベンチマークとした、全国と比較した上での実態を明らかにしようとも考えられた。地方創生に取り組む地域・地方自治体の住民アンケートはどこでもなされているが、同じ調査項目に回答した全国データをベンチマークとして、住民の実態を全国と比較する形で、相対的に可視化する手法はあまり採られていない。このような作業を請け負えるのは、全国組織としてのIFLATsとの連携の強みであるともいえる。

調査の概要は以下の通りである[154]。なお、調査ではウェルビーイング以外にも、地域の愛着や考え方や行動パターンなどについても尋ねているが、ここではウェルビーイングに関する項目のみを扱う。ウェルビーイングの調査項目は**第2章3**で示したウェルビーイングの全国調査と同じものである。

- **調査期間**：二〇二二年一一～一二月
- **調査方法**：二〇二二年一〇月一七日時点で倉吉市に住所を有し、かつ二〇歳以上の方（準世帯は除く）を年齢層ごとに無作為に抽出し、六九〇〇人に対して郵送によるアンケート調査票の配布・回収の方法で実施した。なお、本調査では、性・年代別の回収数が同数になることを目指し、過去の回収率実績を参考に、性・年代別の配布数を決定している。

・回収結果：

〈全体〉　(名)

配布数	6,900
有効回収数	2,253
有効回収率	32.7％

〈性別〉　(名)

	男性	女性	回答拒否	不明
配布数	3,450	3,450	－	－
有効回収数	989	1,259	2	3
有効回収率	28.7％	36.5％	－	－

〈年代別〉　(名)

	20 代	30 代	40 代	50 代	60 代	70 代以上	不明
配布数	2,000	1,400	1,300	900	700	600	－
有効回収数	361	439	419	331	373	306	24
有効回収率	18.1%	31.4%	32.2%	36.8%	53.3%	51.0%	－

結果と考察である[155]。**図表14**は、一般的ウェルビーイング（「今の自分」への満足。詳しくは**第2章3**を参照）と個別的ウェルビーイング（下位水準、OECD項目）との相関分析の結果を示している。なお、ベンチマーク（比較）として示している全国の相関係数の値は先の図表5と同じものである。

結果を見ると、相関係数から見える倉吉市の特徴は、値が全体的に全国のそれより若干低いものの、さほど全国と変わらない。相関係数の高い順に項目を並べた結果を見てもほぼ同じであり、地域への関心や関わりに関する「6．コミュニティの一員として」「9．地域の環境の質」の相関や順位も同様である。**第1章1**で示したように、ウェルビーイングは主観的に良しと評価される自身のライフを問うものであるか

図表14　一般的ウェルビーイング（今の自分）と個別的ウェルビーイング（OECD項目）との相関分析の結果（倉吉市／全国）

No	ライフの側面	生活人生	OECD項目	倉吉市	全国
3	個人	人生	人生で目指すことの達成	.66	.74
1	個人	生活	生活水準	.65	.71
10	個人	生活	仕事	.60	.64
7	個人	人生	将来の安心について	.59	.70
4	個人	生活	人間関係	.56	.65
5	個人	生活	自身の安全	.52	.58
2	個人	生活	健康	.50	.57
6	社会		コミュニティの一員として	.50	.60
8	個人	生活	好きなことに取り組む時間	.49	.57
9	社会		地域の環境の質	.44	.52

＊「倉吉市」の相関係数が大きい順に並び替えをしている。

ら、倉吉市であれ全国であれ、一般的ウェルビーイングにまずは自身のライフの個人的側面（相関係数の高い順に、項目3, 1, 10, 7, 4, 5, 2）が大きく関連をもつことは、いわば当然であると見なせる結果である。地域への関心や関わりを表す「6．コミュニティの一員として」「9．地域の環境の質」は、理論的にはウェルビーイングの社会的側面であり（**第1章3**を参照）、全国と同様に、順位は下の方にあるが（順に r=.50, .44）、相関係数自体は決して低い値ではない。多かれ少なかれこの結果は、倉吉市民にとっても地域への関心や関わりは自身の一般的ウェルビーイングにとって重要な次元であることを示唆している。さらにいえば、一般的ウェルビーイングにおける地域への関心や関わりの構造的関連は、全国も倉吉市もほぼ同じだということも示唆している。

地域に関してウェルビーイングの構造が同じであるならば、次はウェルビーイングの評価がどのようになっているかということである。**図表15**は、男女別に一般的ウェルビーイング（現在・過去・未来）、個別的ウェルビーイング（下位水準、ＯＥＣＤ項目）の平均点の違いを全国と比較して示したものである。それを見ると、男女いずれにおいても、一般的ウェルビーイングでは「現在の自分」「過去の自分」の得点が、個別的ウェルビーイングでは「人間関係」の得点が全国よりも高いことが見て取れる。他方で、一般的ウェルビーイングでは「未来の自分」、個別的ウェルビーイングでは「将来の安心について」「好きなことに取り組む時間」「地域の環境の質」の得点が低いことが見て取れる。

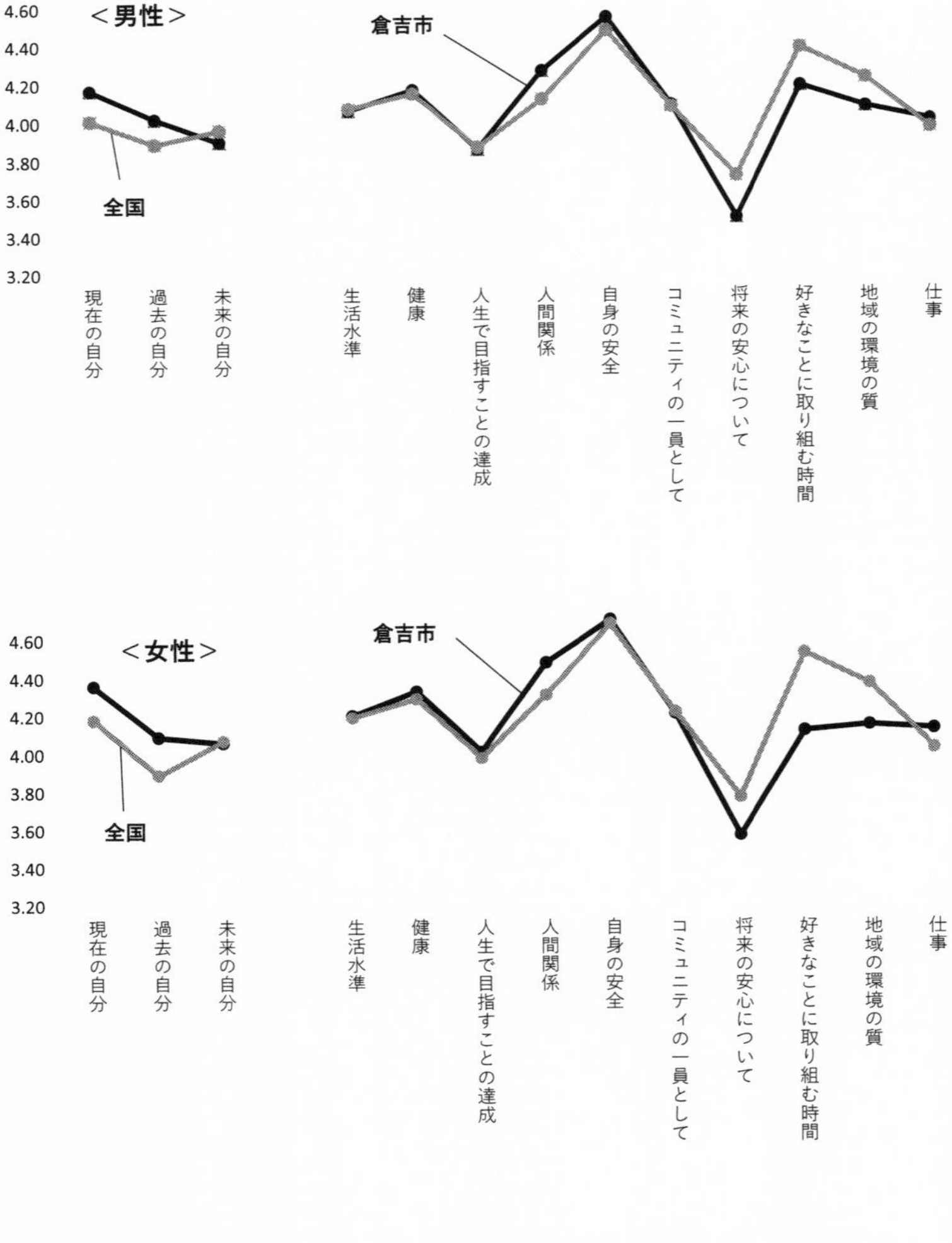

図表 15　一般的ウェルビーイング（今の自分）と個別的ウェルビーイング（ＯＥＣＤ項目）の平均点（男女別、倉吉市 / 全国）

ここまでの結果をまとめると、次のようになる。

- 倉吉市民にとって地域は自身の重要な次元である。その重要性の程度は、一般的ウェルビーイングに対して決して高くはないものの、低いわけでもない。
- 倉吉市民の一般的ウェルビーイングは、とくに「現在の自分」「過去の自分」において、全国よりも高い評価である。過去から現在までの自分に満足している様子が認められる。
- 「将来の安心について」「好きなことに取り組む時間」「地域の環境の質」に対しては全国よりも低い評価である。とくに「将来の安心について」は全国の得点も低いが、倉吉市はさらに低い得点となっている。

次に、先の分析で倉吉市民の「将来の安心について」の得点がかなり低いという結果が示されたので、同調査で尋ねた将来に関する質問項目「二つのライフ[156]」についても分析結果を示す。

まず、二つのライフに関する質問項目は、次の①②の通りである。「二つのライフ（two lives）」とは、「将来（今後の人生）の見通し（future life）」と、その見通しの実現に向けた現在の「理解・実行（present life）」の二つのライフの組み合わせからステイタスを判定する指標である。二〇年以上に渡って行われてきた大学生を対象とした調査結果からは、「見通しあり・理解実行」の人は「見通しなし」の人に比べて学習意欲や身に付けた資質・能力などにおいて得点が高く、「見通しあり・理解不実行」「見通しあり・不理解」はその両者の間の得点に位置するという結果がほぼ安定して得られている。成人や高齢者を対象とした研究も始まっている。まだ同指標の利用に関して十分な実績はないものの、最近横浜市青葉区との共同で四〇～七〇代の区民に対して行った、認知症リスク予防に関する「こころと身体の健康調査」（予備調査・本調査）の結果[157]からは、ある程度大学生と同様に使用していくことができると考えられている。

結果を**図表16**に示す。倉吉市民の二つのライフは、「見通しあり・理解実行」（20・4％）が全国（16・2％）よりも多く、またそれに次ぐ「見通しあり・理解不実行」まで合わせると（20・4＋35・9＝56・3％）、全国のそれ（16・2＋23・3＝39・5％）よりもかなり高い割合を示している。さらに、倉吉市の「見通しなし」（20・8％）は全国のそれ（34・2％）よりも低い。先の結果を合わせて考察すると、倉吉市民は将来について安心できないものの、否、だからというべきか、将来に対して見通しを持ち、それを理解（不）実行している人が多いことを示唆している。

次に、将来の見通しの内容について結果を**図表17**に示す。それを見ると、全国よりも多く持っている将来の見通しは、「家族」「仕事、職業」「人間関係」「故郷、実家」であり、本事業で問題にしている「地域コミュニティの関わり」や「ボランティア、社会支援」は決して多くはない。倉吉市民が

（調査項目）

①二つのライフ

あなたは、自分の今後の人生についての見通し（今後の人生はこういう風でありたい）を持っていますか。（当てはまるものを一つ選択）

(3) 持っている。何をすべきか分かっているし、実行もしている。
（→見通しあり・理解実行）

(2) 持っている。何をすべきかは分かっているが、実行はできていない。
（→見通しあり・理解不実行）

(1) 持っているが、何をすべきかはまだ分からない。
（→見通しあり・不理解）

(0) 持っていない。
（→見通しなし）

※（　　）内は分析する際の判定ステイタスを表す

②将来の見通しの有無

あなたは人生に関する次の項目に見通しを持っていますか？（それぞれ当てはまるものを一つ選択）

		1	0
1.	仕事、職業のこと	○	○
2.	勉強や教養のこと	○	○
3.	家族のこと	○	○
4.	人間関係のこと	○	○
5.	自分の内面のこと	○	○
6.	お金のこと	○	○
7.	健康のこと	○	○
8.	趣味や娯楽のこと	○	○
9.	海外で生活、勉強、仕事をすること	○	○
10.	定年後、あるいは老後のこと	○	○
11.	地域コミュニティとの関わりのこと	○	○
12.	ボランティア、社会支援のこと	○	○
13.	生活拠点のこと	○	○
14.	故郷、実家のこと	○	○

(1) 持っている　　(0) 持っていない

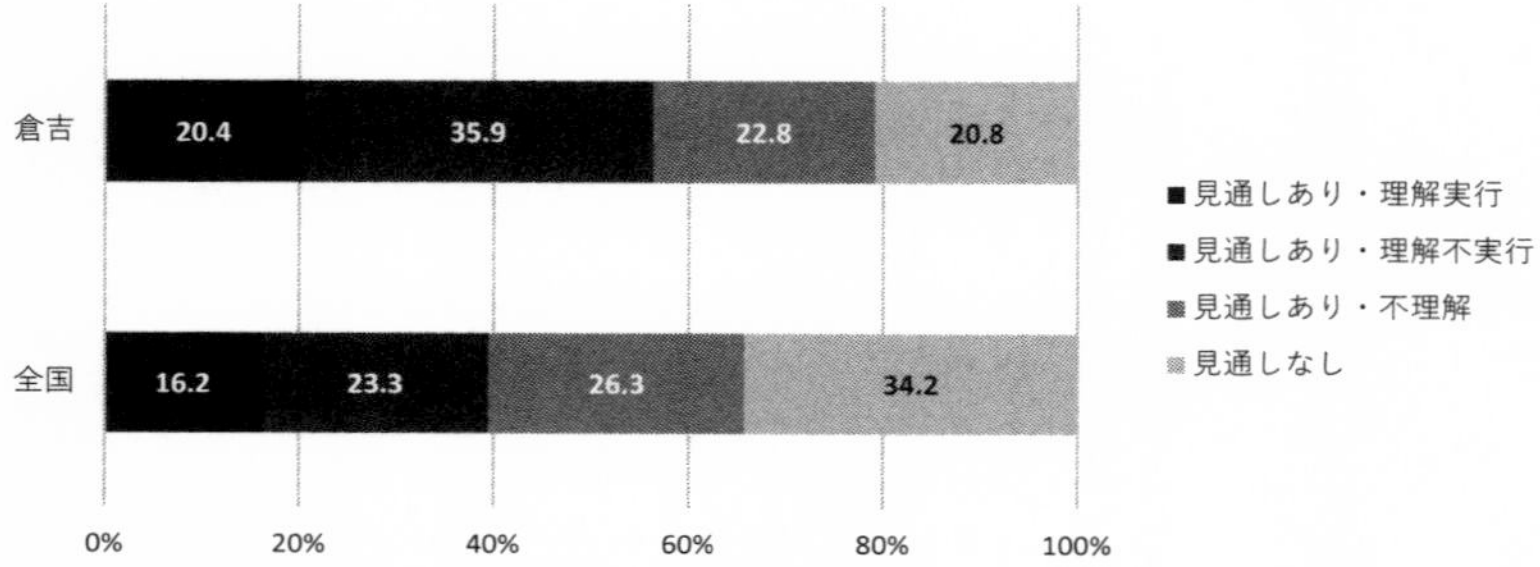

図表 16　二つのライフのステイタス（倉吉市 / 全国）[158]

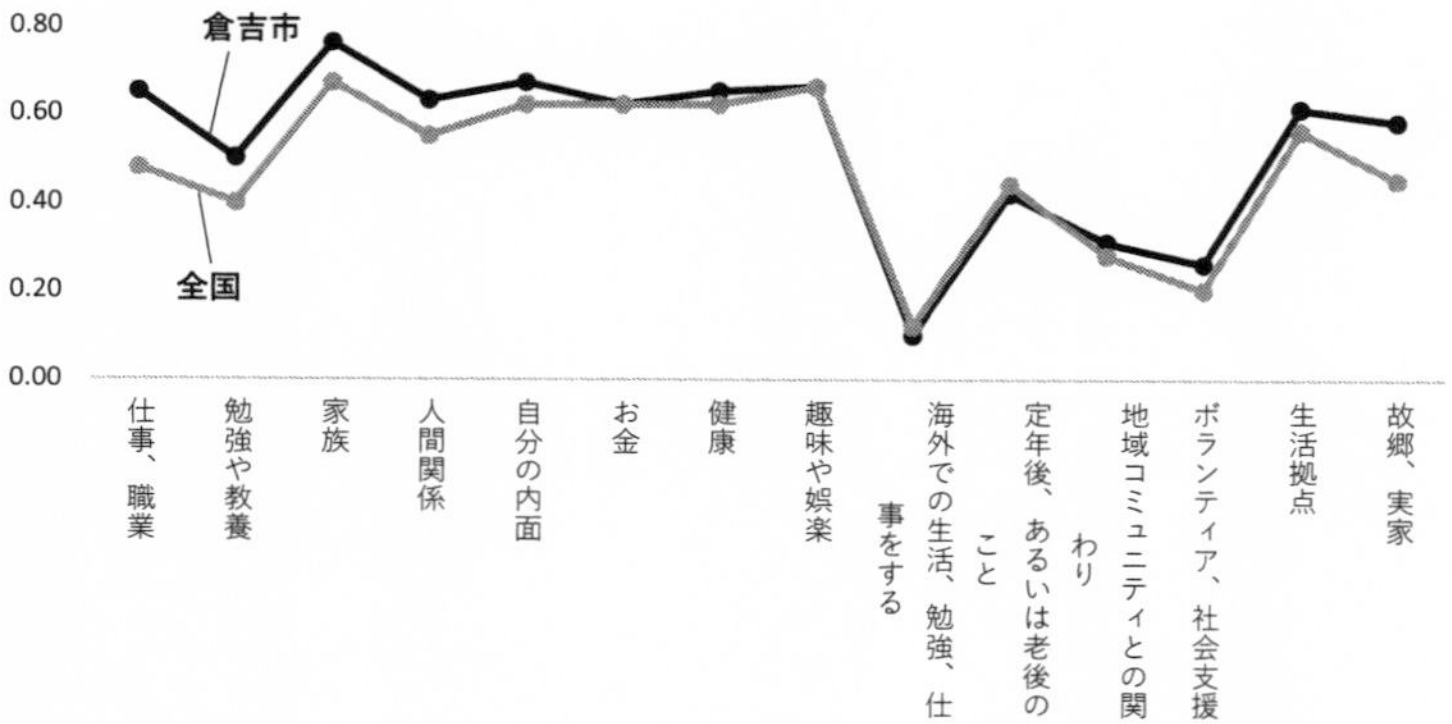

図表 17　将来の見通しの内容（倉吉市 / 全国）[159]

将来について安心できないというその内容は、地域の問題というよりは個人や家族の問題のようである。

３. iVision Session

ウェルビーイング実態調査とは別にもう一つＩＦＬＡＴｓが倉吉市に提案して取り組んだのは、iVision Session と呼ばれる、三日間の滞在型セッション二回を含む、約三ヶ月間の人材育成研修である。二〇二二年度に実施した一年目の事例を紹介する。

概要に示す通り、参加者は倉吉市の地域を良くしたいという思いのある人、地元の企業経営者等の地域のアクター、そして首都圏大手企業の経営者、中間管理職、若手の人たちであった。

- **実施期間**：二〇二二年六月～九月
- **参加者**　：倉吉市民（市役所職員や地元企業の経営者等）九名、首都圏関係者（首都圏大手企業の経営者、中間管理職、若手）八名、計一七名[160]

図表18に研修の流れを示すように、基本的には②第１回セッション（個人のライフビジョン探求）と④第２回セッション（倉吉市ビジョンの探求）を中心としてその前後、間に準備、発展させるセッションが設けられている。

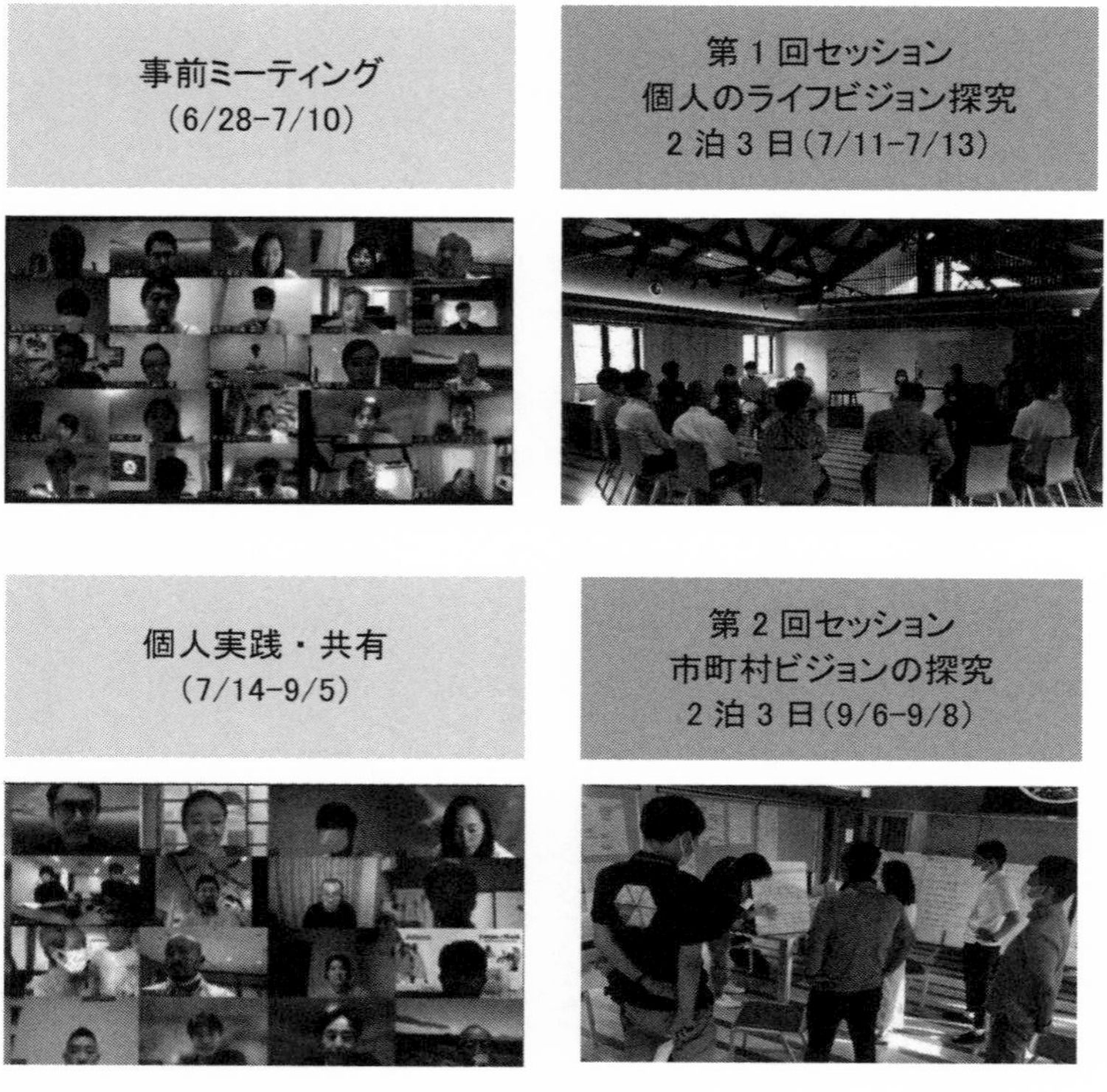

図表 18　iVision Session における研修の流れ（2022 年 6 ～ 9 月）

iVision Session はウェルビーイングを視座とした研修であるから、まずは倉吉市の地方創生をいったん横に置き、徹底的に参加者の立場に寄り添って自己や自身のライフ（日々の生活・人生）について理解する第１回セッション（個人のライフビジョン探求）を行う。自己や自身のライフについて自由に考えたことを参加者同士でシェアし、意見交換して発展させる。二ヶ月を空けて、再度集まり、第２回セッション（倉吉市ビジョンの探求）を行う。第１回セッションでは、参加者は思い浮かぶ自身の自己や自身のライフについて自由に考えたが、第２回セッションでは、倉吉市という地域が自己や自身のライフにどのように、どの程度関連しているか、していないかを理解したり考えたりする。

参加者の中には、第１回セッションで自己や自身のライフについて三日間徹底的に考えても、その中に倉吉市や地域の課題について全く出てこないという人が少なからずいた。iVision Session には、地元の企業経営者等や地域を良くしたいと思う人が参加していたはずであるが、そのような人たちでも、テーマが倉吉市や地域のことでなければ、それに関して何も出てこないということが珍しくなかったのである。それは、参加者の自己や自身のライフと倉吉市、地域の課題とが密接に関連していないことを意味している。**第２章４、５**で説明したウェルビーイングの理論的視座に基づけば、一般的自己・ウェルビーイングとの関連において、倉吉市、地域の課題は個別的水準における重要な特定次元の自己・ウェルビーイングの活動になっていないことを意味する。

良くも悪くもこのような状態を確認して、第2回セッションでは倉吉市や地域の課題について考え、また自己や自身のライフとの関係を考えていった。一般的ウェルビーイングと個別的ウェルビーイングとを繋げていく作業を行ったのである。もちろん、強制的であってはいけないので、最後まで積極的に繋げない参加者がいたとしても、それも一選択肢として受容しなければならない。

このようなiVision Sessionを通して参加者がどのように変化したのかを、アンケート調査の結果から示す。

図表19は、セッションの前後における参加者の一般的ウェルビーイング、個別的ウェルビーイングの得点の変化を示したものである。分析では、参加者は倉吉市民の九名のデータだけを用いた。「セッション前」というのは、第1回セッションの開始時にアンケート調査を行った時の、「セッション後」というのは、第2回セッションの終了時にアンケート調査を行った時の結果である。一般的・個別的ウェルビーイングの項目は、**2**のウェルビーイング実態調査で示した図表14と同じ項目である。結果を見ると、セッション前からセッション後にかけて、参加者の一般的・個別的ウェルビーイングの得点がすべての項目に対して上昇していることがわかる。二回に渡るセッションを通して、全般的にウェルビーイングが高まったことを示唆している。中でも、**2**のウェルビーイング実態調査で問題とされた「将来の安心について」の得点上昇は際立っている。

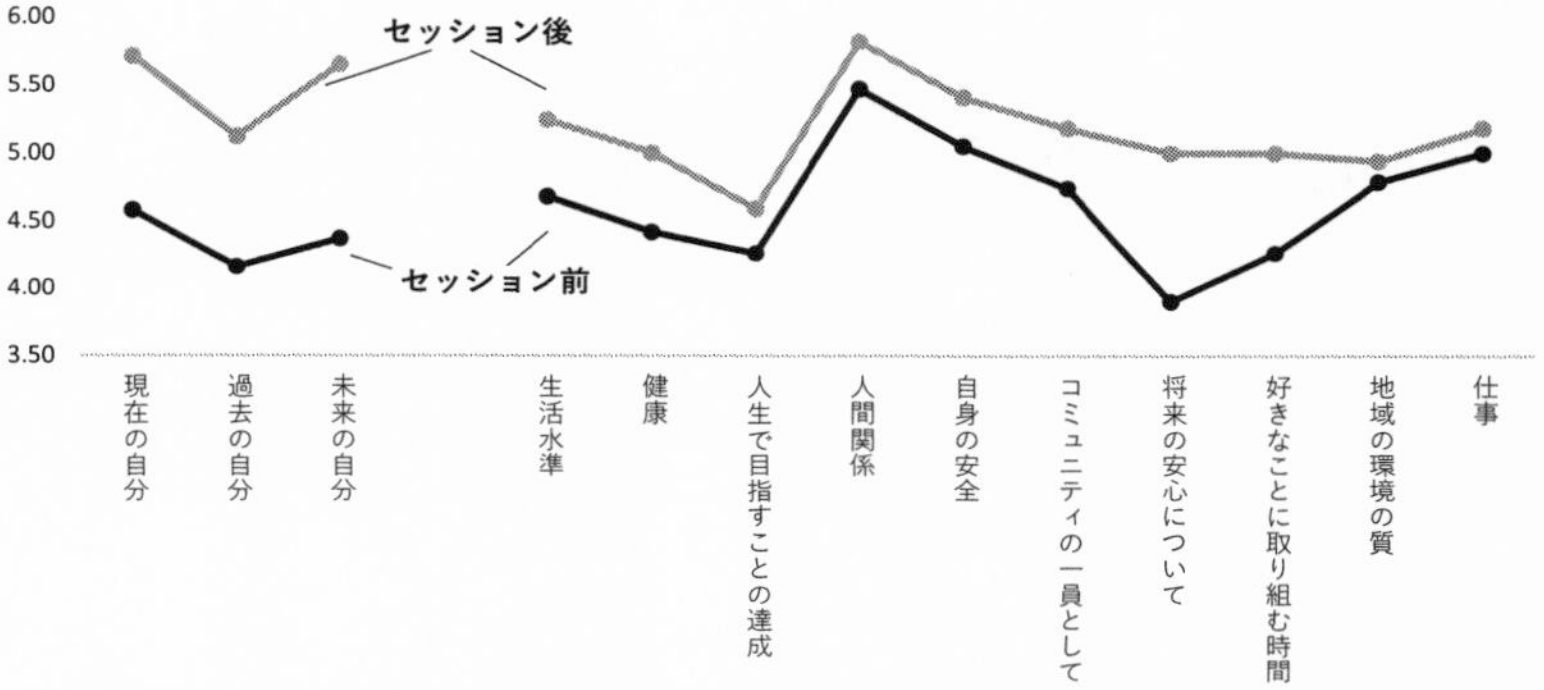

図表 19　セッションの前後（一般的ウェルビーイング、個別的ウェルビーイング）

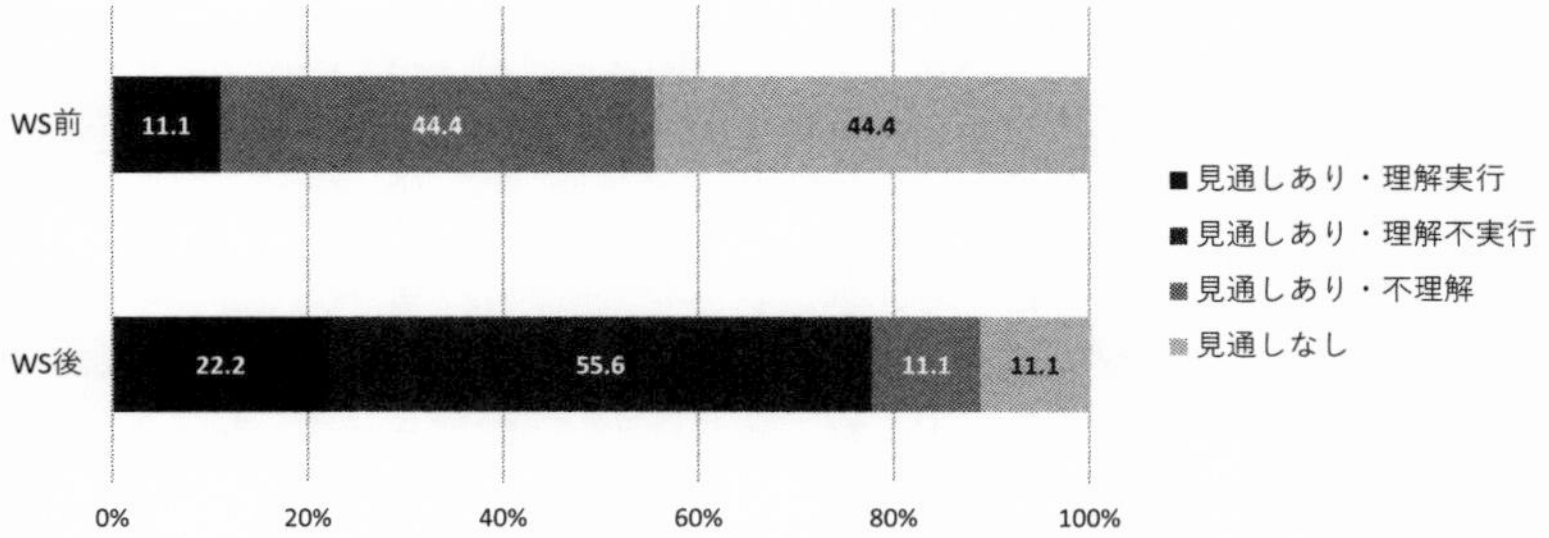

図表 20　セッションの前後（二つのライフ）

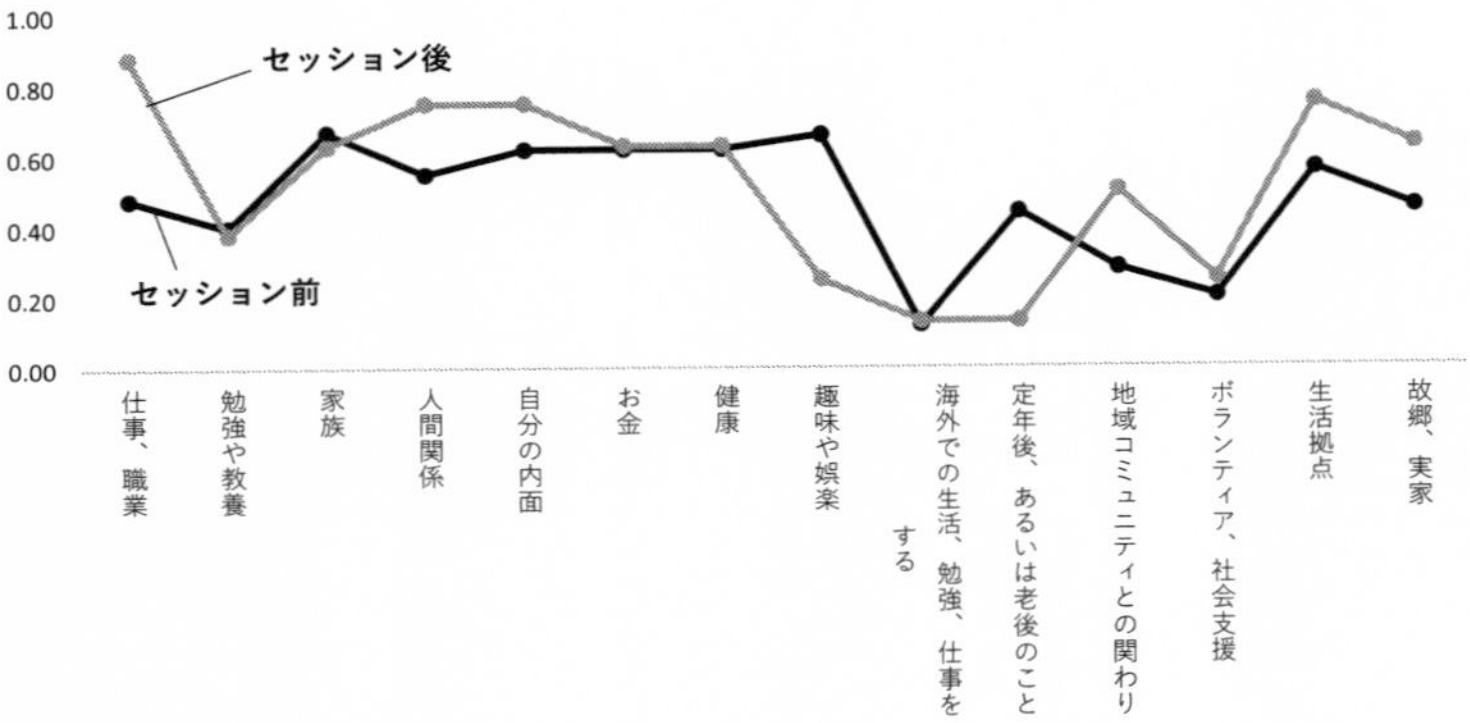

図表 21　セッションの前後（将来の見通しの内容）

2と同様にして、セッション参加者についても将来の見通しについてさらに検討した結果を示す。**図表20**に参加者のセッション前後における二つのライフの変化を、**図表21**に将来の見通しの内容についての変化を示す。質問項目や分析の仕方は図表16、17に同様である。図表20を見ると、セッション前後で「見通しあり・理解実行」が増加し（11・1→22・2%）、「見通しあり・理解不実行」を合わせると、かなりの増加が認められる（11・1→77・8%）。将来と現在を繋ぐ二つのライフが充実する方向へと向かったことを示唆している。

次に、将来の見通しの内容を図表21から見て、「仕事、職業」が最も得点が上昇しているのが特徴的であるが、「地域コミュニティとの関わり」「生活拠点」の項目でも得点が上昇しているのは、地方創生を目指す事業としては期待通りの結果である。

セッション後に尋ねた参加者（倉吉市民）のアンケート

調査の自由記述を紹介する[161]。「主体性」「モチベーション」「アイデア」「本気で考える」「頑張る」「チャレンジする生き方」、そしてそれらを支える「仲間意識」といったキーワードに示されるように、自身のウェルビーイングを高めるための積極的な自己形成の意志が認められる。そして、「倉吉が変わることができる」「倉吉の事をもっともっと調べてみる」といったように、倉吉市の地方創生を我が事として積極的に進めていく意識が芽生えていることも認められる。

- 主体性について考える良い機会になった。
- 主体性がアイデアを生み出し、行動する意欲を生み出すと思った。
- 小さくまとまっていては自分の可能性を見落とす危険性がある。バットを振ることの大切さ。同じようなことを考えている仲間がわりとたくさんいる。
- 自身のモチベーションの源泉が繋がりにあること。腹を割って話し合うことの大切さ。一緒に何かをつくりあげていく過程を通じて繋がりがより深いものになること。
- すごく仲間意識が深くなった。色んな意見があり自分とは違った意見もたくさんあり勉強になった。参加者みんなが本気で考えていて、自分ももっと頑張らないといけないと感じた。
- 最終ワークの記者会見は特に印象的だった。倉吉が変わることができると強く感じる事ができた。

- 倉吉のことを知っているつもりだったけど、実はあまり知らなかった。まずは倉吉の事をもっともっと調べてみる。何かないか意識して過ごす。
- 自身の仕事の悩みが少しどうでも良くなった。都会の人たちの働き方を知り、安定志向の殻を破り多少チャレンジする生き方もありなのかなと思った。
- メンバーは安心して話ができる存在。チームメイト。一緒に何かをやっていきたいパートナー。
- 自分を見つめ直すワークをしてから街について考えるワークにしたことで、主体性のあるアイデアが出たこと。

4. まとめと今後の課題

倉吉市のプロジェクトの基本的考え方は、地域に関わる一人ひとりが地域の担い手、すなわち「人財」であり、それを基盤に地方創生を進めていこうというものである。実のなる木で喩えれば、豊かな「実」（経済やコミュニティの活性化、人口増加などの地方創生）には良い「根」（人財）が必要である。

良い根をしっかり育て幹を太くして、そうして豊かな実が育ち収穫することができる。

ウェルビーイング実態調査の結果によれば、倉吉市民の多くは充実したウェルビーイングをもちながらも、そのウェルビーイングの内容は、どちらかといえば、自己や家族の次元についてのものが多く、必ずしも地域やコミュニティに関わるものではなかった。このような倉吉市民の実態を踏まえて、ＩＦＬＡＴｓではiVision Sessionと呼ばれる三日間の滞在型セッションを含む、約三ヶ月間の人材育成研修を行った。自身の一般的ウェルビーイングからそれと関連する重要な次元の個別的ウェルビーイングについて深く、徹底的に考え、そこに倉吉市の地域・コミュニティへの関わりを乗せていった。参加者のアンケート調査の量的・質的結果からは、このようなウェルビーイングの観点から行った人材育成支援が、まさに倉吉市の人財を基盤とした地方創生戦略にもぴったり合致していたものと示唆される。

倉吉市の人財を基盤とした地方創生はこれからである。成果の指標は、いうまでもなく、前記で示した倉吉市民やiVision Sessionの参加者のウェルビーイングが高まることではない。それを「人財」として、倉吉市の経済やコミュニティが充実していくこと、関係人口も含めて人口が増加していくことにある。今後の取り組みを期待したい。

注

149 政府の二〇一四年（第一期）、二〇一九年の第二期「まち・ひと・しごと創生総合戦略」を受けて倉吉市の地方創生戦略をまとめたペーパーである。なお、二〇二一年に岸田内閣によって策定された「デジタル田園都市国家構想」の政策も参考にしてまとめられている。倉吉市『第２期まち・ひと・しごと創生総合戦略（改訂版）』（令和五年三月改訂） https://www.city.kurayoshi.lg.jp/user/filer_public/d0/ef/d0ef91cb-5cd5-4755-b445-338915b2409a/di-2qi-cang-ji-shi-machihitoshigotochuang-sheng-zong-he-zhan-lue-ling-he-3nian-3yue-ce-ding-ling-he-5nian-3yue-gai-ding-20230405_1425.pdf（二〇二三年一〇月八日アクセス）

150 Ibid., p.7

151 Ibid., p.8

152 二〇二三年、国のデジタル田園都市国家構想交付金を活用して、倉吉市は小田急電鉄との地方創生の共同事業を発展させている。倉吉市は市のウェブサイトで、「デジタル田園都市国家構想交付金を活用して、関係人口創出や若者に魅力ある仕事創出に取り組む『ひとを育て、まちを育てる、くらしよし倉吉プロジェクト』がスタート。中核人材育成を中心に、魅力の発信やデジタル環境整備などの四つの事業を連動させ、相乗効果の発揮を通じ、倉吉市民が主体となる自走型の地方創生を目指します」と説明している。https://www.city.kurayoshi.lg.jp/gyousei/pressrelease/m458/p159-1/（二〇二三年一〇月八日アクセス）

153 ＩＦＬＡＴs主宰「ウェルビーイング コンソーシアム」発足イベント（二〇二三年八月二四日）の資料より

154 倉吉市『令和四年度 倉吉市民生活満足度調査報告書』（令和五年三月）、ＩＦＬＡＴsが倉吉市に提出した非公開資料より

155　倉吉市、ＩＦＬＡＴｓに許可をいただいて分析したものである。

156　二つのライフの開発経緯や判定地位の妥当性の検討については、溝上(2018)を参照。溝上慎一（責任編集）京都大学高等教育研究開発推進センター・河合塾（編）(2018). 高大接続の本質―「学校と社会をつなぐ調査」から見えてきた課題―　学事出版

157　横浜市青葉区・学校法人桐蔭学園『こころと身体の健康調査結果報告【概要編】』(二〇二三年六月二一日) https://www.city.yokohama.lg.jp/aoba/kurashi/fukushi_kaigo/koreisha_kaigo/care-plan/cyousa.files/bunsekikekka.pdf (二〇二三年一〇月二八日アクセス)

158　倉吉市『令和四年度 倉吉市民生活満足度調査報告書』(令和五年三月)、p.69より筆者が作成

159　Ibid., p.23、全国データより筆者が作成。図表の得点は「持っている(1)」「持っていない(0)」の平均点を表す。

160　ここで示す参加者数は第1回目(六月)のものである。第2回目(九月)には、倉吉市民一一名(1回目の参加者に二名追加)、首都圏関係者六名(1回目の参加者が二名都合で不参加)であった。この後のアンケート調査分析で第1回目と2回目の調査結果の比較を行う際に、第1回目の参加者を基準としたので、ここでは第1回目の参加者で概要を説明している。

なお、二〇二三年度もiVission Sessionは、倉吉市の地方創生に携わるアクターを増やす目的で引き続き実施されている。二〇二二年度とは異なる計三〇名(倉吉市民一五名、首都圏関係者一五名)が参加した。

161　株式会社小田急電鉄経営戦略部イノベーションラボ ＩＦＬＡＴｓ『ひとを育て、まちを育てる、くらしよし倉吉プロジェクト令和四年度報告会～「価値創造型人材育成プログラム」について～』(二〇二二年一一月二一日)プレゼン資料より

第5章 ウェルビーイングの危うい捉え方

1．ウェルビーイングが高い従業員は有能か？

ウェルビーイング論は、物質的・経済的な充足がある程度実現した社会において（第3章を参照）、良くも悪くも人びとに課せられるようになった自身のライフ構築について論じていくものである。これがウェルビーイング論の基本としての出発点である。ウェルビーイングという概念がいろいろなテーマで利用・援用されていくことは歓迎すべきことであるが、この基本としての出発点をどこかで維持しておかなければならない。

なぜこのようなことを強調するのかというと、ウェルビーイング論を見渡して問題だと思われる用い方の一つに、「ウェルビーイングが高い人は～ができる」のような、まるでウェルビーイングの高さがある特定次元の有能感（コンピテンス）の高さを表すかのように主張する専門家や企業のコンサルタント等が少なからずいるからである。ウェルビーイング論としての出発点を完全に踏み外している。

ウェルビーイングと学業や仕事等の有能感（コンピテンス）との相関関係が認められるとしても、それは両変数の関連性の話であって、ウェルビーイングから有能感（コンピテンス）への因果的関連を説明するものではない。統計的に因果的関連性を検討する場合、理論的な説明を必要とすることは専門家の間では周知の基礎知識である。統計的に計算できるという問題ではない。

ウェルビーイングが自身のライフの構築を問題にするというそもそもの状況の中で、問題解決に対する達成感や動機づけを高め、その結果有能感を高めるという因果的プロセスはあっていい。理論的にも了解可能である。しかし、そこでの自身のライフの構築、問題解決プロセスは、学業や仕事、日々の生活や人生、社会の様々な課題など、図表2でいえば、個別的水準で、ある個人にとっての重要な次元で取り組まれるものである。個人固有の重要な次元で課題となる活動で幸せや満足の状態（＝個別的ウェルビーイング）に至るからこそ、一般的ウェルビーイングも高まると考えられるものである（**第2章4**を参照）。

ところが、その因果的プロセスを反転させ、一般的ウェルビーイングから個々人によって重要性が異なる個別的水準の活動への満足、すなわち個別的ウェルビーイングを因果的に検討する時、受け手の活動は、第三者が期待するようなものへ必ずしも向かうとは限らない。ここが問題である。極端な例でいえば、ライフワークバランスの観点から、趣味を充実させることがとにかく大事で、仕事は経済的に困らない程度に働けばいいと考える人がいるとする。これは立派な（一般的・個別的）ウェルビーイングの充実を表すものである。果たしてこの人は、ある企業にとって有能な従業員であり得るだろうか。必ずしもそうとはいえないのではないか。こうして、ウェルビーイングが高い人を採用しても研修で育てても、それが企業にとって必ずしも有益な従業員であるとは限らないという結論になる。そして、本当にウェルビーイングの高さが有能感の高さを表すのであれば、企業の人事担当者は、応募者の学歴や知識、経験、資質・能力などを見ることなく、ウェルビーイングを調べて人事採用すればいいということになる。もちろん、決してそうはならないはずである。

ウェルビーイングが高くても、ウェルビーイングを高めても、それは個々人異なる次元でのライフを基にしたものであり、その意味において、第三者が期待する学業や仕事等での有能性には必ずしも結びつかないことを理解すべきである。人びとのウェルビーイングをただ高めさえすれば、第三者にとって物事がいろいろ好都合に進んでいくとは考えない方がいい。ウェルビーイングはどこまでいっても、基本は人びとが自身の独自のライフを構築していくことを問題にするものなのである。

2. 自尊感情プロジェクトの過ちを繰り返すな――自尊感情神話

教育の専門家や実践家は、子どもの自尊感情や自己肯定感が大切であり、学校教育でいかにそれらを高めるかを長く議論してきた。「問題行動を起こす子どもや学力の低い子どもは、他者から認められたり達成したりする経験が少ないから、自尊感情が低い。これらの状況を改善するために、彼らの自尊感情を高めることが大切だ」の言に代表されるように、子どもの自尊感情を育てることが大切だと考えてきた。

文部科学省の施策では、子どもの自尊感情の問題は、とくに前学習指導要領改訂に向けた中央教育審議会の「豊かな心をはぐくむ教育の在り方に関する専門部会」(二〇〇四～二〇〇七年)において、道徳教育や特別活動に関する審議の中で取り扱われた。同専門部会第一回の論点をまとめた資料[162]には、これからの学校教育で重視したいことの一つとして、「子供たちが自尊感情をもてるようにすることが重要である」と記載されている。最終的に答申[163]では、「道徳教育の充実」の節で、児童・生徒の子どもの自尊感情の乏しさが問題であると指摘され、自分への信頼感や自信などの自尊感情を養う必要性が説かれた[164]。

自尊感情を研究してきたバウマイスターら[165]は、学業達成、仕事のパフォーマンス、人間関係、グループディスカッション・リーダーシップ、暴力、幸福、喫煙・飲酒・薬物・セックスなどに渡る様々な活動と自尊感情との関連を広範囲にレビューし、多くの研究では、自尊感情が様々な活動と望ましい関連性をもっていることを報告している。これは、半世紀以上にわたって取り組まれてきた自尊感情研究の、しかもこのテーマの第一人者による総括的なまとめであり、そのまま知見を確認していいと思う。

しかし、バウマイスターらがそれに続けて主張するのは、自尊感情が様々な活動と望ましい関連性をもつことと、自尊感情が様々な活動に因果的に影響を及ぼすこととは分けて考えよ、というものである。学業達成を例にすれば、子供が学業課題にしっかり取り組み、その課題を達成するからこそ、社会的評価を受けて、結果子供の自尊感情が高まると考えられる。ただ自尊感情が高いだけで必ずしも子供は学業を達成するわけではなく、また、自尊感情を高めるだけで学業を達成するようになるわけでもない。バウマイスターらは、学業に取り組まない、ただ自尊感情が高いだけの子供がいることを忘れないように、と警鐘を鳴らしている。大人の仕事のパフォーマンスも同様である。様々な仕事の課題に取り組み、達成・成功して社会的評価を受けるからこそ、その人の自尊感情が高まるのである。ただ自尊感情が高いだけの人が、必ず高いパフォーマンスで仕事を行えるわけではない。

1で述べた一般的水準と個別的水準との関連からも、この問題の構造を理解しておこう。学業達成・仕事のパフォーマンスをもって自尊感情を高めている子供・大人はいるだろうが、中にはスポーツや対人関係、外見的魅力などをもって自尊感情を高めている子供・大人もいる。一般的水準で自尊感情が高いからといって、それが個別的水準における学業達成や仕事のパフォーマンスの高さを表すとは限らないということである。

アメリカ・カリフォルニア州で、一九八六年に「自尊感情と個人的・社会的責任の促進のための特別専門委員会」が発足し、州民の自尊感情を高める大規模なプロジェクトが三年間にわたって実施された[166]。州民の自尊感情を育てることで、個人が陥る様々な問題(犯罪、暴力、薬物乱用、一〇代の妊娠といった非行・反社会的問題、学業的失敗、児童虐待や慢性的な福祉依存など)を未然に防ぐ、いわば「社会的ワクチン[167]」になると期待された。

しかしながら、州をあげて予算が投じられたこの大規模なプロジェクトは成功しなかった。学校教育についていえば、学業への取り組みが悪い、あるいは達成できない子どもに対して厳しく叱ったのでは彼らの自尊感情を低下させてしまう恐れがある。子どもがうまくいかなくても失敗しても、すべて寛容に扱うように取り組まれたのであった。しかし、これでは子どもに、何が望ましい取り組みで何が望ましくない取り組みなのかを伝えることができず、子どもの学業成績はかえって悪化したという報告が見られた。プロジェクトに対して様々な批判の声が上がり、最後には自尊感情が、個人が陥る問題を予防する社会的ワクチンになることさえ疑問視されるようになった。いわゆる「自尊感情神話」として今日に語り継がれているものである[168]。

自尊感情の高さが、因果的に学業達成を始め他の様々な活動に望ましい影響を及ぼすわけではないと、先にバウマイスターらの知見を紹介した。これと同様のことが、カリフォルニア州の自尊感情プロジェクトでも起こったのだといえる[169]。学校教育以外のことでいえば、他者配慮の欠如による弊害も深刻に議論された。つまり、自尊感情の高い人が自分以外の他者を低く評価したり、自分の優越性の証明や維持のために他人を批判したり傷つけたりすることが多くなったというのである。自尊感情は他人に受け入れられていると感じると高くなるが、高ければ必ず犯罪が減ったり、学業や仕事ができるようになったりするとは限らない。他人から受け入れられるようになるわけでもない。自尊感情を無理して高めようとすると、多くの良くないことが生じるというデータには事欠かないという見方もある[170]。

本書ウェルビーイング論に繋げてまとめると、自尊感情と他の様々な活動との関連性があることと、自尊感情が因果的にそれらの活動に望ましい影響を及ぼすこととは分けて理解されなければならない。私たちは、カリフォルニア州での自尊感情プロジェクトの過ちを、今日のウェルビーイング論で繰り返してはならない。

3. それでも社会や組織がウェルビーイングを目指すということ

ウェルビーイングが有能感に影響を及ぼすという考え方、その因果的関連性には異を唱えながらも、組織（学校や企業、行政、市区町村等の自治体など）がそれに所属する、あるいは関係する人びとのウェルビーイングを考えて、その上で人びとの組織への関わりや有能感を高めるという考え方はあっていいと筆者は考えている。この順序で取り組むのであれば、ウェルビーイングを有能感に繋げるというステップも了解可能である。このことの理論的・実践的構造については、**第４章**の倉吉市の地方創生に関わるＩＦＬＡＴｓの事業を実践事例として示した通りである。倉吉市は、地域に関わる一人ひとりが地域の担い手、すなわち「人財」であると見なし、それを基盤にして地方創生を進めている。豊かな「実」（経済やコミュニティの活性化、人口増加などの地方創生）には良い「根」（人財）が必要であると考え、順序としては良い根をしっかり育てることから始めている。そのために地域住民のウェルビーイングをアセスメントし、それに乗せる形で市の地方創生に繋げる研修を行っているのである。企業の人材育成研修でも応用していけると考えられる。

学校のウェルビーイングについてはどのように考えられるだろうか。まず、子供たちのウェルビーイングをただ高めればいいと主唱するのがナンセンスであることは確認しよう。学業達成や社会性を始めとする子供たちの教科学力や資質・能力は、学習課題や活動を通して育てられるべきものである。カリフォルニア州の自尊感情プロジェクトを教訓とすべきである。

しかし、それで学校教育にウェルビーイングの視座は必要ないのかとなると、そうでもないと筆者は考える。学習指導要領や学校教育目標に沿った学校での教育活動の一つ一つは、子供たちにとって個別的水準における様々な学習活動である。ウェルビーイング論の視座はまず第一に、その様々な学習活動に対する満足や幸福等をアセスメントして、子供たちの個別的ウェルビーイングを把握する作業を行うことを提案するものである。学習指導要領や学校教育目標は、学校でどのような子どもを育てるかという知識や技能、資質・能力に関して期待される学習成果を示すものであるが、それを受けて営まれるカリキュラムや授業が、子供たちにとって楽しく満足するものとなっているかはまた別のことである。この両者を繋ぐところにウェルビーイング論の第一の視座がある。

第二の視座は、ウェルビーイングを学校教育に組み込むことで、子供たちの主体的な学び、エージェンシー（主体性）が教科の学習活動を超えて、子供たち一人ひとりのライフ構築にまで発展する可能性があることを提案するものである。今日の学校教育は教授パラダイムから学習パラダイムへと転換して、子供（児童・生徒）主体の学習へと大きく変わってきている。現行学習指導要領のポイントの一つである「主体的・対話的で深い学び（「アクティブ・ラーニング」の視点）」は、学校や教師の目線で説かれてきた教育活動を、子供の目線で、子供を主語にした学習活動として説き直したものといわれる[171]。それにウェルビーイングを重ねると、子供たちが学習の一つ一つの活動を我が事と見なし、主体的に取り組まれるものとなる。筆者は、主体的な学びを「課題依存型」「自己調整型」「人生型」の三層で理解するモデルで考えてきた[172]。それを踏まえるならば、主体的な学びは教科の学習活動を超えて、時に自身のライフにまで及ぶ。これまで自身のライフを構築する作業は、学校教育ではキャリア教育として説かれてきた。ウェルビーイング論の視座は、それを教科の学習活動から立ち上がる未来の可能性を提案するものである。教科の学習活動とキャリア教育とを異なる活動として捉えるのではなく、一方では教科の学習活動からキャリア（未来）が立ち上がることを目指して、他方ではキャリア（未来）から教科の学習活動が見直されたりすることを目指すものとして捉えるのである。このようなことが可能になるには、手前で教授パラダイムから学習パラダイムへの転換がなされていなければならないが、それは既に実施済みである。こうして、学習パラダイムに基づく子供たちの学びは、ウェルビーイング論の視座を加えることで、主体的な性格を一層帯び、エージェンシーも併せて自身のライフ構築（キャリア形成）へと拡がっていく。これがウェルビーイング論の第二の視座である。今盛んに求められている主体的な学び、エージェンシーを、このような視座から発展的に理解する機会となればいい。

4．ウェルビーイングを謳う「次期教育振興基本計画」

教育振興基本計画とは、政府が教育基本法に示された理念の実現と、我が国の教育振興に関する施策の総合的・計画的な推進を図るために策定する計画である[173]。次期学習指導要領はもとより、文部科学省の様々な教育施策を方向付ける基礎的な考えを示すものである。

二〇二三年三月に中央教育審議会から『次期教育振興基本計画について（答申）[174]』（以下『答申』と呼ぶ）が出され、第四期の教育振興基本計画の方針が示された。その基本計画の大きな柱は、「持続可能な社会の創り手の育成」と「日本社会に根差したウェルビーイングの向上」と掲げられた。本書で論じてきたウェルビーイングが大きな二大柱の一つとして掲げられており、その内容をここで確認しておく。

『答申』では、ウェルビーイングは次のように定義されている。

> ○ウェルビーイングとは身体的・精神的・社会的に良い状態にあることをいい、短期的な幸福のみならず、生きがいや人生の意義など将来にわたる持続的な幸福を含むものである。
> また、個人のみならず、個人を取り巻く場や地域、社会が持続的に良い状態であることを

含む包括的な概念である[175]。

ポイントは、①身体的・精神的・社会的に良い状態にあること、②日々の生活から人生までの幸福を対象とすること、③個人の良い状態だけでなく、地域・社会の良い状態をも対象とすること、の三点である。①の「良い状態」はウェルビーイングを直訳しているが、②からその「良い状態」に、時間幅の短い日々の生活から時間幅の長い人生まで、すなわち本書で「ライフ」(**第1章1**)と呼んできたものへの幸福を表していることがわかる。なお、①の「身体的・精神的・社会的(に良い状態)」は、WHO憲章の健康(health)の定義にある三つのウェルビーイング(身体的・精神的・社会的ウェルビーイング、**第1章4**を参照)をそのまま援用している。③は、本書でいうところの個人的ライフだけでなく、地域・社会への関わり、すなわち社会的ライフをもウェルビーイングの対象とすることを述べている。全体的に、ウェルビーイングは幸福以上の概念であるとまとめられていることも含めて、本書で概念化してきたウェルビーイング(**第1章1**)に比較的近い定義になっているといえる。

また、次に示すように、ウェルビーイングの求め方、捉え方は「一人一人」異なり「多様」であると述べられている。本書で、ウェルビーイングは「主観的」に判断されるものと述べてきたこと(**第2章1**)がここでも述べられている。

〇ウェルビーイングの捉え方は国や地域の文化的・社会的背景により異なり得るものであり、一人一人の置かれた状況によっても多様なウェルビーイングの求め方があり得る。[176]

本書では論じていない『答申』で説明されるウェルビーイングの最大の特徴は、ウェルビーイングに「日本社会に根差した」の冠が付けられていることである。『答申』では、国際的に自尊感情や自己効力感の高さ（「獲得的要素」）が人生の幸福をもたらすとの考え方が強調されていることを踏まえて、我が国の文化的特徴である、利他性、協働性、社会貢献意識など、人とのつながり・関係性に基づく要素「協調的要素」を考慮することを強調している。獲得的要素と協調的要素を一体的に育むことが「日本社会に根差したウェルビーイングの向上である」と説明している。[177]

〇日本社会に根差したウェルビーイングの要素としては、「幸福感（現在と将来、自分と周りの他者）」、「学校や地域でのつながり」、「協働性」、「利他性」、「多様性への理解」、「サポートを受けられる環境」、「社会貢献意識」、「自己肯定感」、「自己実現（達成感、キャリア意識など）」、「心身の健康」、「安全・安心な環境」などが挙げられる。これらを、教育を通じて向上させていくことが重要であり、その結果として特に子供たちの主観的な認識が変化したかについてエビデンスを収集していくことが求められる。[178]

この上で、『答申』では、「幸福感」「学校や地域でのつながり」「協働性」「利他性」「多様性への理解」「サポートを受けられる環境」「社会貢献意識」「自己肯定感」「自己実現」「心身の健康」「安全・安心な環境」を、教育を通じて向上させていくことが重要であると述べられている。前節3で筆者は、学校教育には学習指導要領や各学校の教育目標があり、それに基づく学習課題や活動を通して自尊感情等が育まれなければならないと述べた。ここでの「幸福観」～「安全・安心な環境」も同様に、学習課題や活動を通してそれらを育むこととし、決してそれ自体が自己目的化しないように注意しなければならない。

5．まとめ

本章では、ウェルビーイングの危うい捉え方として、大きく二点を論じた。一つは、まるで「ウェルビーイングの高い従業員が有能である」かのような専門家、企業コンサルタントらの主張に注意することである。ウェルビーイングが高いというだけで、人はある特定次元における有能さを示すわけではない。ウェルビーイングの高さが有能感を説明したり育てたりする因果的な考えについては慎重であらねばならない。同様のことは、一九八〇年代末にアメリカ・カリフォルニア州で実施された自尊感情プロジェクトが失敗に終わったことからもいえる。活動レヴェルで根拠のない、ただ自尊感情が高いだけの人は、社会にとって有害であることも多い。人を見下したり、自身の優越感を維持するために他人を批判したり傷つけたりすることが珍しくないのである。本章の最後には、それでも組織や社会にとって人びとのウェルビーイングを追求することには、社会的有益さがあることをを論じた。最近政府から出された「次期教育振興基本計画」についても同様の観点からコメントを行った。

注

162　中央教育審議会初等中等教育分科会教育課程部会 豊かな心をはぐくむ教育の在り方に関する専門部会「第2回資料—第1回における主な意見（論点ごとに整理）—」（平成一六年一一月一日）https://www.mext.go.jp/b_menu/shingi/chukyo/chukyo3/019/siryo/05021701/002.htm（二〇二三年一〇月二五日アクセス）

163　中央教育審議会『幼稚園、小学校、中学校、高等学校及び特別支援学校の学習指導要領等の改善について（答申）』（平成二〇年一月十七日）https://www.mext.go.jp/a_menu/shotou/new-cs/information/1290361.htm（二〇二三年一一月一二日アクセス）

164　現行の学習指導要領に向けた答申（中央教育審議会, 2016）では、「自尊感情」ではなく「自己肯定感」という用語で、総合的な学習の時間や特別活動等の章で、引き続き活動を通して自己肯定感を高める重要性が説かれている。中央教育審議会『幼稚園、小学校、中学校、高等学校及び特別支援学校の学習指導要領等の改善及び必要な方策等について（答申）』（平成二八年一二月二一日）https://www.mext.go.jp/b_menu/shingi/chukyo/chukyo0/toushin/1380731.htm（二〇二三年一〇月二五日アクセス）

165 Baumeister, R. F., Campbell, J. D., Krueger, J. I., & Vohs, K. D.（2003）. Does high self-esteem cause better performance, interpersonal success, happiness, or healthier lifestyles? *Psychological Science in the Public Interest, 4(1)*, 1-44.

166 成果報告書は次の通りである。California State Department of Education（1990）. *Toward a state of self-esteem: The final report of the California Task Force to promote self-esteem and personal and social responsibility*. http://files.eric.ed.gov/fulltext/ED321170.pdf（二〇二三年一〇月二八日アクセス）

167 Ibid., p.10

168 カリフォルニア州の自尊感情プロジェクトの説明や問題点は、中間（2016）を参考にしている。中間玲子（2016）. はじめに　中間玲子（編）　自尊感情の心理学―理解を深める「取扱説明書」―　金子書房　pp.i-vii

169 California State Department of Education（1990）で、プロジェクトにおける因果的関連性の扱いに問題があったかもしれない旨の記述がある（p.60）。

170 佐藤（2016）を参照。佐藤德（2016）. 自尊感情の進化―関係性モニターとしての自尊感情―　中間玲子（編）　自尊感情の心理学―理解を深める「取扱説明書」―　金子書房　pp.172-191

171 千々布敏弥（2021）. 先生たちのリフレクション―主体的・対話的で深い学びに近づく、たった一つの習慣―　教育開発研究所

172 溝上（2020）を参照。溝上慎一（2020）. 社会に生きる個性―自己と他者・拡張的パーソナリティ・エージェンシー―　東信堂

173 文部科学省「教育振興基本計画」https://www.mext.go.jp/a_menu/keikaku/index.htm（二〇二三年一〇月三一日アクセス）

174 中央教育審議会『次期教育振興基本計画について（答申）』（令和五年三月八日）https://www.mext.go.jp/b_menu/shingi/chukyo/chukyo0/toushin/1412985_00005.htm（二〇二三年一〇月三一日アクセス）

175　Ibid., p.9

176　Ibid., p.9

177　ここでの「協調的要素」としてのウェルビーイング（協調的幸福）については、内田（2020）が学術的に説いている。内田由紀子（2020）. これからの幸福について―文化的幸福観のすすめ―　新曜社

178　Ibid., p.10、下線は筆者による。

あとがき

本書は、前著『インサイドアウト思考』（本書シリーズ第四巻）の続編である。第四巻を書き上げた後も、そのままの勢いで書き続けたので、半年くらいで書き上げた。これだけの理論書なので、もう少しゆっくり書いていたかったのだが、第四巻の続編であることと、本書の**第2章**、**第4章**で紹介した小田急電鉄主宰ＩＦＬＡＴｓの倉吉市での事業（筆者はアドバイザーの一人である）の進行が思いの外早かったこととで、やや急いで書き上げた。

もっとも、本書の一つ一つの論は、この後述べるように、筆者の三〇年近い研究と密接に関連しており、本書執筆にあたって一から先行研究や資料に当たったわけではなく、また短い時間でいい加減にまとめたわけでもないことは付け加えておく。時間を要したのは、どちらかといえば、本書全体の筋を通す中で先行研究や資料のポイントや背景を、何度もウェルビーイング論の歴史的・社会的文脈にすり合わせる作業にあった。これはきわめて大変な作業であり、どこか勘違いを起こしている可能性も否定はできない。致命的なミスがないことを祈るばかりであり、修正すべき点は出版後丁寧に対応していきたい所存である。

筆者は自己について研究してきた心理学者である。心理学における自己論は、ソクラテスを始めとする古代ギリシャ以来の哲学・思想を基礎にした歴史的含蓄のある論である。時に、私たちが日々生きる生活世界との接続を見失っても、何ら困ることなく延々と議論できる、きわめて抽象度の高い論である。しかし、その自己論のもう一つ上に、このウェルビーイングの概念があると気づいたのはいつ頃だっただろうか。

世の中でウェルビーイングが盛んに論じられる以前から、心理学では、ディエナーらの主観的ウェルビーイングやセリグマンのポジティブ心理学が響き渡っており、ウェルビーイングに関心がなくても、たいていの心理学者はその概念や潮流くらいは知っているものである。もっとも、**第1章5**(1)、**第3章4**で紹介したウォーターマン——私の中核になる青年心理学の分野において有名なアイデンティティ研究者である——が、これほどまでにウェルビーイング論に傾倒していたとは、本書を書き始めるまで深くは知らなかったことであるが。

そのような中で、私が本書を書こうと思い始めたのには、大きく三つの動機がある。

一つは、**はじめに**で述べたように、講話シリーズ第四巻で「個性的なライフの構築」を論じる中、個人にとって主観的に良しと評価されるライフ論としてのウェルビーイングが頭のどこかで併走するようになったからである。

二つ目に、先に述べたように、私は自己論者として、もう一つ上にあるこのウェルビーイング論がどこかでずっと気になっていた。ここに接続して私の自己論を発展させようと考えるのは、専門家として至極自然なことであった。そして、本書の**第1章1**、**第2章2**、**第5章2**で紹介したように、ウェルビーイングのある問題を理論的に説明しなければならない時、その理屈は自己論でかつて課題となり理論的に議論されてきたものにかなり近いものであるとも思うようになった。しかも、私は「自分自身への満足」という教示文で自己研究を学部の卒業研究から行ってきた研究者である。誤解を恐れず、自己論の中での「満足」という評価指標を、ウェルビーイング論の中での「満足」という評価指標に置き換えただけといってしまえるなら、私にとって自己論もウェルビーイング論も本質的には同じ土俵での議論となる。本書で何度か自己論を援用して説明している理由でもある。もちろん、そうはいっても自己論とウェルビーイング論は異なるテーマであり、「満足」という評価もウェルビーイングの中では要素の一つである。最後は、ウェルビーイングの文脈に落とし込んだ論としていかなければならなかったことはいうまでもない。

三つ目は、**第2章3**、**第4章**で紹介した小田急電鉄主宰のイノベーションラボＩＦＬＡＴｓの事業に参加するようになったからである。事業は、ウェルビーイングだけをテーマにするものではないが、ウェルビーイングは中心のテーマである。二〇二三年八月にはＩＦＬＡＴｓを中心として「ウェルビーイングコンソーシアム」(https://iflats.org/993/) も発足している。そのＩＦＬＡＴｓのミーティング・勉強会で、国内外の学術、行政、民間等のウェルビーイングに関する研究や取り組み等が様々に紹介された。私は、ＩＦＬＡＴsのアドバイザーとしてメンバーの議論につきあい、疑問に対して筋の通った説明をする必要があった。そうして様々な論文や報告書、資料に片っ端から目を通したが、その中にはウェルビーイングと呼ばなくてもいいものが実に多くあった。少なくとも「昨今の時流に乗ってウェルビーイングと称しておく」以上の意味を見出しにくいものが多く見られた。ＯＥＣＤや政府を始めとして国際的にこれだけ連呼されている概念である。政治的な様相も相まって、ウェルビーイングのプロジェクトが乱立的に起案されている。こうして、一つ目、二つ目の理由も併せて、私は私のウェルビーイング論をしっかりまとめておこうと思うようになり、本書を執筆することになったのである。

本書で何度も述べたように、本書は筆者個人の関心として「個性的なライフの構築」をテーマとして、そのために必要とするウェルビーイングを論じたものである。まずは、ここを基本としたい。しかしながら、誤解を恐れずにいえば、多くのウェルビーイング論は本質的に「個性的なライフの構築」「自己形成」を論じるものであり、多かれ少なかれその中のある部分に焦点を当てて取り組まれている。その意味では、筆者個人のウェルビーイング論でありながら、本書で述べることは、世の中のウェルビーイング論全体に多少なりとも関連していく、筆者の個人的関心以上のものであると信じている。このことの是非についての議論は、本書が出版された後の課題である。

ウェルビーイングをまず「幸福」と訳さない姿勢は本書が打ち出す最大のメッセージである。幸福と最初に置いてしまえば、人がただただ幸福を目指すだけの研究・実践になってしまう。アメリカのポジティブ心理学の視座、あるいはセリグマンがまさに『隆盛（Flourishing）[179]』と題する著書（翻訳書の題目は『ポジティブ心理学の挑戦』）を出版し、その「隆盛」がウェルビーイングのテーマの一つとなっているのだが、それはその代表であろう。この取り組みの価値を筆者はいささかも否定するものではないが、ウェルビーイング論の視座で考えを述べるならば、「隆盛」研究はウェルビーイングの概念を用いなくてもいいものである。むしろ、ウェルビーイングの用語にこだわる決定的なものがない、とさえいえる。

最後に、お世話になった方々へお礼を述べて筆を置きたい。

公益財団法人電通育英会の中本祥一理事長、有井和久専務理事を始め、スタッフの皆さまに厚くお礼を申し上げる。電通育英会とのお付き合いはもう一五年になる。その間、日本のトランジション改革に向けたイベントや調査などの研究・実践的支援をいただいてきた。本書ウェルビーイング論に関わる文献や様々なレヴェルでの調査も、この支援の一環でなされている。

小田急電鉄主宰ＩＦＬＡＴｓの阪川尚様（小田急電鉄株式会社経営戦略部、チーフプロデューサー）、大江由佳梨様（株式会社クリエイターコレクティブズ、プロデューサー）ほかＩＦＬＡＴｓメンバーの皆さま、そして私と一緒にＩＦＬＡＴｓのアドバイザーをしている小塩真司先生（早稲田大学文学学術院教授）にお礼を申し上げる。ＩＦＬＡＴｓのプロジェクトへの参加がなければ、私はここまで前面に押し出してウェルビーイングを論じることはなかったかもしれない。出会いに感謝している。

私の恩師・梶田叡一先生（聖ウルスラ学院理事長、兵庫教育大学名誉教授）に感謝を申し上げたい。**第3章**では、マズローの欲求階層・自己実現論についてかなり論じた。これは最近お願いした梶田先生へのインタビューに影響を受けてのことである。梶田先生は、マズローについて多くの時間を割いて話された。心理学者であれば、私の世代くらいまでは多かれ少なかれマズローを共通のテキストとしてみんな読んできたことと思う。しかし、今マズローを表に引っ張り出して論じる学者は少なくなっている。そういう中、梶田先生が「やはりマズローだと思う」と、これまでの半世紀を振り返って、社会、教育の大きな転換点にマズローがいることを話された時、私は「ここでマズローを挙げてくるか」と思いながら聞いていた。頭の中では、ウェルビーイング論に繋げて聞いていた。梶田先生には、学生の時から実にたくさんのご指導をいただいてきたが、今でも先生の変わらぬ大きな視座から教えられることが多い。ここまで育てていただいたことに深く感謝している。

最後に、東信堂へのお礼である。本書は、下田勝司社長、下田勝一郎様を始め、スタッフの皆さまの温かい支援に支えられての刊行である。本書は、学びと成長の講話シリーズ第五巻に所収され、これまで以下四巻が刊行されている。学校から仕事・社会へのトランジション改革を実践していくためには、ただ実践を積み重ねるだけではなく、関連する概念や理論をできるだけ包括的に論じることもしておかねばならない。そのためには本書のような書籍の刊行が随時必要である。筆者のこのような教育活動を理解して、支援してくださる東信堂の皆さまに感謝の言葉しかない。有難うございます。

第一巻『アクティブラーニング型授業の基本形と生徒の身体化』(二〇一八年)
第二巻『学習とパーソナリティ―「あの子はおとなしいけど成績はいいんですよね!」をどう見るか―』(二〇一八年)
第三巻『社会に生きる個性―自己と他者・拡張的パーソナリティ・エージェンシー―』(二〇二〇年)
第四巻『インサイドアウト思考―創造的思考から個性的な学習・ライフの構築へ―』(二〇二三年)

179　注

Seligman (2011) を参照

抽象的水準　→　水準
徳……30, 34, 41

【ナ行】

内発的動機……99
『ニコマコス倫理学』……4, 21-22, 29, 33-34, 102
日本社会に根差したウェルビーイング……147, 149

【ハ行】

非地位財……40
非認知能力……19
福祉……11, 73
二つのライフ……121-124, 129-130
ポジティブ心理学……156, 159
ポストモダン……87

【マ行】

持つこと (to have / having)……90, 92-93

【ヤ行】

有能感 (コンピテンス)……137-139, 144
欲求階層……83-84, 87-90, 92, 95, 101, 105, 107

【ラ行】

ライフ……3
ライフキャリア……ii
隆盛……26, 99, 159

【ワ行】

ワークキャリア……ii

【英数字】

Becoming (生成、成ること)……84, 89-90, 93, 95, 99, 101
Being (存在、あること)……84, 89-91, 93, 95, 99, 101, 105
B 認識・D 認識……83-85, 93, 95, 103
GIGA スクール構想……19, 37
ICT 利用……19
I-Me 図式……64
OECD ラーニング・コンパス 2030……19, 69-70, 72-73
OECD-PISA 調査……19
PERMA モデル……26-27, 46, 99
QOL　→　生活の質
SDGs……16, 50, 73-74
WHO 憲章……17-19, 21, 91, 148

事項索引

【ア行】

アイデンティティ形成……ii, 96-97, 99, 156
アクティブ・ラーニング……145
あること（to be / being）・90, 92-93, 99
生きがい……100-105, 147
一般的ウェルビーイング……48-49, 51, 54-57, 62-63, 69, 118-121, 128-130, 133, 138-139
一般的水準　→　水準
エウダイモニア……5, 14, 19, 21-25, 30-31, 33-34, 39-40, 45, 91
エージェンシー……70, 145-146

【カ行】

学習パラダイム……145-146
傘概念……11
学校から仕事へのトランジション19
キャリア教育……ii, 146
（次期）教育振興基本計画……19, 147
教授パラダイム……145-146
健康……11, 16-18, 50, 148-150
個人化……i-iii
個性的なライフ……ii, v, 4, 156, 158
個別的ウェルビーイング…48-49, 51, 54-56, 62-63, 69, 118-120, 128-129, 133, 138-139, 145
個別的水準　→　水準
コンピテンシー……19, 70
コンピテンス　→　有能感

【サ行】

次期教育振興基本計画　→　教育振興基本計画
自己概念……6-8, 64
自己形成……98-99,158
自己決定理論……40, 99
自己肯定感　→　自尊感情
自己実現（の欲求）……17, 25, 39, 85-90, 93, 95-99, 101, 103-105, 149-150
自己定義……ii, 96-97
自尊感情（自己肯定感）……16, 64, 66-68, 140-143, 145, 149-150
自尊感情神話……140
社会情動的スキル……19
主観的ウェルビーイング（主観的幸福感）……4, 12-13, 24, 26, 43, 45-47, 71, 104
主体的・対話的で深い学び……145
主体的な学び……145-146
人生100年時代……ii
心理的ウェルビーイング……26-27, 46, 99, 104
水準（移動）（一般的水準・抽象的・個別的水準）……6-9, 48-50, 54-57, 60-68, 98, 105, 127, 138, 141-142, 145
生活の質（QOL）……11, 17, 71

【タ行】

卓越性……25-26, 33

【ラ行】

ライアン（Ryan, R. M.）………… 40, 99
リオタール（Lyotard, J. F.）………… 87
リフ（Ryff, C. D.）…… 26-27, 46, 99-100
ロジャーズ（Rogers, C. R.）………… 97
ロス（Ross, W. D.）……… 21, 30-31, 91
ローゼンバーグ（Rosenberg, M）… 16

【英数字】

IFLATs ……… 51-52, 56-57, 69, 76, 111, 114-116, 125, 144, 155, 157-158
OECD …… ix, 9, 12-16, 19-20, 24, 26, 37, 43, 46, 54-56, 62, 69-72, 74, 81-82, 95, 105, 118-120, 158
WHO ……………………… 17-19, 21, 91

人名索引

【ア行】

アナス（Annas, J.）………………… 41
アリストテレス……4-5, 21-23, 29-33, 40, 44, 102
ウィルソン（Wilson, W. R.）……… 45
ウォーターマン（Waterman, A. S.）……… 24-26, 39, 44, 75, 96-99, 156
内田由紀子……………………… 153
エリクソン（Erikson, E. H.）……ii, 39, 96, 99
小田急電鉄株式会社…… 51-52, 111, 114, 155, 157

【カ行】

梶田叡一……………………………160
神谷美恵子………… 100-102, 104-105
クーパースミス（Coopersmith, S.）……………………………… 66-67
熊野道子………………………102-103
クラウト（Kraut, R.）……………… 44
グラットン（Gratton, L.）……………ii
ゴーブル（Goble, F. G.）…………107
ゴールドシュタイン（Goldstein, K.）……………………………… 96

【サ行】

シェイベルソン（Shavelson, R.）‥6, 65
ジェームズ（James, W.）……41, 64, 68
ジャニスとフィールド（Janis, I. L. & Field, P. B.）…………………… 66
スーパー（Super, D. E.）……………ii
スティグリッツ（Stiglitz, J. E.）‥82-83
セリグマン（Seligman, M. P.）…26-27, 36, 46, 99, 156, 159
ソクラテス…………………………156

【タ行】

タタルキェヴィッチ（Tatarkiewicz, W.）……………………… 22-23, 41
ディエナー（Diener, E.）…4-5, 11-15, 24-26, 43, 45-47, 82, 156
デシ（Deci, E. L.）………………… 40

【ハ行】

バウマイスター（Baumeister, R. F.）……………………… 140-141, 143
ハーター（Harter, S）…………65-68
ピアスとハリス（Piers, E. V. & Harris, D. B.）…………………… 65
ピーターズ（Peeters, G.）………… 76
フィッツ（Fitts, W. H.）…………… 65
フロム（Fromm, E.）……90-93, 95-99, 101, 103, 105
ホーナイ（Horney, K.）…………… 97

【マ行】

マズロー（Maslow, A. H.）…39, 83-90, 92-93, 95-99, 101, 103, 105, 107, 160
見田宗介……………… 101, 104-105

【著者紹介】
溝上慎一（みぞかみ　しんいち）

学校法人桐蔭学園理事長　桐蔭横浜大学教授

1970年生まれ。大阪府立茨木高等学校卒業。神戸大学教育学部卒業。京都大学博士（教育学）。1996年京都大学高等教育教授システム開発センター助手、2000年同講師、教育学研究科兼任、2003年京都大学高等教育研究開発推進センター助教授（のち准教授）、2014年同教授。2019年学校法人桐蔭学園理事長、桐蔭横浜大学学長（2020-2021年）。現在に至る。

日本青年心理学会理事、大学教育学会理事、公益財団法人電通育英会大学生調査アドバイザー、学校法人河合塾教育研究開発本部研究顧問、文部科学省各委員、大学の外部評価・中学・高等学校の指導委員等。日本青年心理学会学会賞（2013年）、日本教育情報学会論文賞（2023年）受賞。

■専門

専門は、心理学（現代青年期、自己・アイデンティティ形成、自己の分権化）と教育実践研究（生徒学生の学びと成長、アクティブラーニング、学校から仕事・社会へのトランジション、キャリア教育等）。

■主な著書

『自己形成の心理学―他者の森をかけ抜けて自己になる』(2008世界思想社、単著)、『現代青年期の心理学―適応から自己形成の時代へ』(2010有斐閣選書、単著)、『自己の心理学を学ぶ人のために』(2012世界思想社、共編)、『アクティブラーニングと教授学習パラダイムの転換』（2014東信堂、単著）、『高校・大学から仕事へのトランジション』(2014ナカニシヤ出版、共編)、『アクティブラーニング・シリーズ』全7巻監修（2016～2017東信堂）、『アクティブラーニング型授業の基本形と生徒の身体性』(2018東信堂、単著)、『学習とパーソナリティ―「あの子はおとなしいけど成績はいいんですよね！」をどう見るか』（2018東信堂、単著)、『社会に生きる個性―自己と他者・拡張的パーソナリティ・エージェンシー』(2020東信堂、単著)、『インサイドアウト思考―創造的思考から個性的な学習・ライフの構築へ』（2023東信堂、単著）『高校・大学・社会 学びと成長のリアル―「学校と社会をつなぐ調査」10年の軌跡』(2023学事出版、責任編集）等多数。

学びと成長の講話シリーズ 5

幸福と訳すな！ウェルビーイング論――自身のライフ構築を目指して　〔検印省略〕

2023年12月20日　初　版第1刷発行　　＊定価はカバーに表示してあります。
2024年 2 月29日　初　版第2刷発行

著者 © 溝上慎一(株式会社みぞかみラボ)　発行者／下田勝司　印刷・製本／中央精版印刷株式会社

東京都文京区向丘1-20-6　郵便振替 00110-6-37828　発行所
〒113-0023　TEL (03)3818-5521　FAX (03)3818-5514　株式会社 東信堂

Published by TOSHINDO PUBLISHING CO., LTD.
1-20-6, Mukougaoka, Bunkyo-ku, Tokyo, 113-0023 Japan
E-Mail: tk203444@fsinet.or.jp　http://www.toshindo-pub.com

ISBN978-4-7989-1886-0 C3037